GANHAR DINHEIRO É FÁCIL

TAMBÉM POR LEWIS HOWES

O Mindset da Grandeza: Libere o Poder da Sua Mente e Viva a Sua Melhor Vida

The School of Greatness: A Real-World Guide to Living Bigger, Loving Deeper, and Leaving a Legacy

The Mask of Masculinity: How Men Can Embrace Vulnerability, Create Strong Relationships, and Live Their Fullest Lives

Lewis Howes

GANHAR DINHEIRO É FÁCIL

MAS, ANTES, REDEFINA A SUA RELAÇÃO COM ELE

ALTA BOOKS
GRUPO EDITORIAL
Rio de Janeiro, 2025

Ganhar Dinheiro é Fácil

ISBN: 978-85-508-2701-8.

Alta Books é uma Editora do Grupo Editorial Alta Books.

Translated from original Make Money Easy. Copyright © 2025 by Lewis Howes. ISBN 9781401993931. Published in compliance with Brazilian law and the Universal Copyright Convention. Brazilian Portuguese language edition published by Starlin Alta Editora e Consultoria Eireli, Copyright © 2025 by STARLIN ALTA EDITORA E CONSULTORIA LTDA.

Impresso no Brasil – 1ª Edição, 2025 – Edição revisada conforme o Acordo Ortográfico da Língua Portuguesa de 2009.

Dados Internacionais de Catalogação na Publicação (CIP)
(BENITEZ Catalogação Ass. Editorial, MS, Brasil)

H855g
1.ed. Howes, Lewis
Ganhar dinheiro é fácil : mas, antes, redefina a sua relação com ele / Lewis Howes ; tradução João Guterres. – 1.ed. – Rio de Janeiro : Alta Books, 2025.
256 p.; 16 x 23 cm.

Título original: Make money easy.
ISBN 978-85-508-2701-8

1. Dinheiro – Administração. 2. Educação financeira. 3. Finanças pessoais. 4. Mentalidade positiva. 5. Mudança de comportamento.
I. Guterres, João. II. Título.

04-2025/211 CDD 338.1

Índice para catálogo sistemático:
1. Educação financeira : Mentalidade positiva : Mudança de comportamento : Economia 338.1
Aline Graziele Benitez – Bibliotecária – CRB-1/3129

Produção Editorial: Grupo Editorial Alta Books
Diretor Editorial: Anderson Vieira
Vendas Governamentais: Cristiane Mutüs
Gerência Comercial: Claudio Lima

Produtora Editorial: Viviane Corrêa
Tradução: João Guterres
Copidesque: Edite Siegert
Revisão: Alessandro Thomé
Diagramação: Catia Soderi

ALTA BOOKS
GRUPO EDITORIAL

Rua Viúva Cláudio, 291 – Bairro Industrial do Jacaré
CEP: 20.970-031 – Rio de Janeiro (RJ)
Tels.: (21) 3278-8069 / 3278-8419
www.altabooks.com.br – altabooks@altabooks.com.br
Ouvidoria: ouvidoria@altabooks.com.br

Editora **afiliada à:**

Dedico este livro à criança em mim,
que observava o meu pai dar gorjetas com notas
de US$2, o que me lembra da singularidade
que todos trazemos no mundo.
Continue aguentando os altos e baixos,
os ganhos e as perdas da liberdade mental,
emocional e financeira.

SUMÁRIO

Aviso: Acredito em você, no poder da "liberdade financeira" e em "viver uma vida mais rica", mas também reconheço que esses conceitos são profundamente pessoais e têm significados diferentes para cada um de nós. Eu o incentivo a pensar neste livro como o início de sua jornada para entender sua relação com o dinheiro e explorar o que esses conceitos significam para você. O que me agrada pode não lhe agradar, e isso é perfeitamente normal!

A minha intenção não é prometer resultados específicos, mas inspirá-lo, informá-lo e capacitá-lo a ser mais. Todas as histórias que compartilho, de minhas experiências passadas, são exclusivas para mim, assim como suas histórias e seus resultados serão diferentes e exclusivos para você. As informações que compartilho têm fins puramente informativos, não devendo ser consideradas aconselhamento financeiro ou jurídico. Se quiser orientação personalizada, recomendo que procure a assessoria específica de profissionais que possam ajudá-lo a atingir suas próprias metas financeiras, em suas circunstâncias específicas.

Estou animado para apoiá-lo em sua jornada para viver uma vida mais rica!

Já tive muito dinheiro e fui miserável e já convivi com muitas pessoas ricas com uma vida insalubres e desestruturada. Por outro lado, também já tive o que a maioria das pessoas chamaria de muito dinheiro e me senti profundamente realizado. Também passei algum tempo com pessoas ultrarricas e vi vidas saudáveis, amorosas e abundantemente generosas de felicidade e liberdade total. Basta dizer que sua felicidade na vida não está diretamente relacionada à quantidade de dinheiro que você tem.

Tudo isso pode fazer com que você sinta que o dinheiro é, bem... complicado.

Para a maioria de nós, tudo o que foi dito sobre o dinheiro está errado. Por exemplo, muitas vezes, as pessoas têm uma conexão emocional com ele. Eu sei que tenho. Na verdade, pode ser o relacionamento *íntimo* mais importante que você *não sabia* que tinha. Quer saiba disso ou não, você já tem uma relação com o dinheiro. E até que você cure essa relação, nada poderá mudar para melhor. Porque, se você não se importa com seu dinheiro, ele não se importará com você.

Aprendemos a criar um relacionamento com o dinheiro da mesma forma que descobrimos como interagir com outras pessoas quando crianças — com a observação e a experiência. Nossa mente interpreta o que percebemos em nossos pais, familiares mais velhos e outras pessoas que encontramos quando interagem com o dinheiro. Se já é difícil consertar um relacionamento com outra pessoa, pior é com algo tão complicado como o dinheiro. Mas quanto mais você ignorar o fato de que seu relacionamento com o dinheiro poderia ser melhorado, pior ele fica. A maioria de nós, quer saibamos ou não, tem algum tipo de trauma com dinheiro, e isso impacta nossa história e nosso estilo financeiros hoje. Isso afeta nosso senso de autoestima e autoconfiança e, se deixarmos, até mesmo nossa própria identidade.

Para falar a verdade, acho que muitas pessoas simplesmente desistiram de entender o dinheiro. Não importa o que façam, algo parece errado. Elas suspeitaram de que grande parte de sua felicidade futura depende do dinheiro, mas acham que ele deve ser um velho amigo, mesmo que, na maioria das vezes, pareça um completo estranho que acabaram de conhecer em um aplicativo de namoro. Há algo nisso que é ao mesmo tempo familiar e estranho.

Em primeiro lugar, temos um problema de educação financeira. Não é apenas o fato de muitos de nós não sabermos muito sobre dinheiro; nós nem sabemos o que não sabemos. E isso é notório. Três em cada quatro norte-americanos dizem que vivem de salário em salário. O outro desses quatro afirma não ter economizado nada para a aposentadoria, e pelo menos um em cada cinco não tem economias de emergência.[1]

Infelizmente, a maioria de nós não foi instruída sobre como ser sábio com o dinheiro. Não apenas não entendemos como ter um relacionamento saudável com ele, mas também não nos foi ensinado o que fazer com ele. Espera-se que, em algum momento entre o ensino médio e a faculdade, tenhamos que improvisar ou descobrir o que fazer. E não recebemos as ferramentas que nos preparam para pagar nossos próprios impostos, entender como evitar a divida do cartão de crédito ou investir adequadamente nosso dinheiro.

O dinheiro desempenha um papel importante na garantia de uma vida segura e confortável, mas sem as ferramentas e treinamento adequados, as pessoas acabam em apuros. Desde muito cedo, as crianças aprendem com o pais a maior parte do que sabem sobre dinheiro. Mas se a família tratar o dinheiro como uma coisa "secreta", como era o caso de minha família, as crianças irão ao mundo sem saber o que o dinheiro pode fazer por elas ou para elas.

Escrevi este livro porque queria aprender mais sobre meus próprios bloqueios financeiros e ver como eu poderia romper com eles para ter uma relação mais segura com o dinheiro. A maioria das pessoas tem dificuldades a vida inteira com relação a questões financeiras, o que afeta diretamente todos os relacionamentos pessoais inseridos, se não aprendermos a ter uma experiência saudável com isso.

Em meu programa *The School of Greatness* [A Escola da Grandeza, em tradução livre], tive o privilégio de entrevistar e me conectar, na última década, com algumas das pessoas mais ricas do mundo; aquelas que vieram do nada e ganharam milhões de dólares; e aquelas que perderam tudo. Conheci também muitas pessoas ricas infelizes e que não têm uma boa relação com o dinheiro. Elas ainda acreditam que perderão tudo ou que tudo o que as pessoas querem delas é dinheiro, por isso sentem que não podem mais confiar nos outros. Isso se torna mais estressante do que tranquilizador. Todas essas pessoas compartilharam seus segredos comigo sobre o que fazer ou não com o dinheiro e, o mais importante, como não deixar que ele controle sua vida.

Se você é refém em sua relação com o dinheiro, sempre se sentirá preso. Se você se libertar nesse relacionamento, poderá se abrir para se tornar rico além de seus sonhos mais loucos — e não estou falando apenas de riqueza financeira. Isso porque, na minha opinião, o dinheiro não é o que mais importa na vida; no entanto, ele pode ser um meio de acessar e aprimorar todas as coisas que realmente importam para você.

Portanto, se você já se perguntou "Por que esse negócio de dinheiro tem que ser tão difícil?" ou "Por que não posso ganhar dinheiro facilmente?", eu tenho duas boas notícias. A primeira é que você não está sozinho. Todos nós sentimos a luta. Segundo, você pode curar sua relação com o dinheiro para torná-la mais fácil. E eu lhe mostrarei como.

Minha meta ao final do dia é ajudá-lo a *Ganhar Dinheiro Fácil* em sua própria vida, para que você possa se sentir livre e abundante. Porque esse é o seu direito nato — viver uma vida digna e alegre e nunca deixar que o dinheiro lhe roube a paz.

ETAPA 1

Conheça a Sua História com o Dinheiro

O crescimento começa com a autoconsciência. Mas muitas pessoas nunca param para se conscientizar de como interagem com o próprio dinheiro. Elas simplesmente o usam, sem nem pensar no que é, por que se envolvem com ele da maneira que o fazem ou como podem estar naturalmente programadas para pensar sobre ele.

Mas, se quiser facilitar sua relação com o dinheiro, você precisa descobrir sua própria história com ele. Essa é a Etapa 1 e, para você, ela começa agora.

CAPÍTULO 1

A VERDADE SOBRE O DINHEIRO

Acho que se pode dizer que eu cresci em uma família de classe média. Tínhamos dinheiro suficiente para viver e sempre havia comida na mesa e roupas para vestir, mas parece que sempre existia uma falta de paz em minha casa. E muitas dessas coisas, como medo, insegurança e dor, eram ampliadas quando envolviam dinheiro.

Quando criança, eu realmente não entendia o conceito de dinheiro. Ninguém falava comigo sobre isso. Esse tema era tão "secreto" em minha família que a mim parecia que era uma coisa ruim quando as pessoas tinham dinheiro. O que aprendi foi que não tínhamos muito, então precisávamos economizar e prestar atenção em que gastávamos. Se eu quisesse dinheiro, poderia pedir aos meus pais, e eles o davam ou não.

Quando completei 10 anos, meus pais passaram a me dar uma pequena mesada de cerca de US$5 por semana, mas nada regular e, geralmente, apenas quando eu trabalhava para isso. Eles me pagavam por tarefas domésticas, como arrumar minha cama ou lavar minha roupa. Isso continuou até o início de minha adolescência, mas eu ainda não tinha ideia de como fazer com que outras pessoas, além de meus pais, me pagassem. Era assustador querer mais dinheiro quando ninguém falava nisso. Eu não sabia como iniciar uma conversa sobre o assunto e me preocupava em como fazer isso funcionar quando ficasse mais velho.

Mais ou menos uma década depois, minha História com o Dinheiro continuou a evoluir. Quando tinha 20 e poucos anos, não havia nenhum traço de empreendedorismo em meu corpo. Eu também não tinha dinheiro, e meu sonho de jogar futebol profissionalmente desapareceu quando sofri uma lesão no pulso que acabou com minha carreira.

Naquele momento, eu não tinha experiência com trabalho efetivo. Eu treinava como atleta, o que rendeu um pouco jogando na Arena Football League, mas esperava que um dia valesse mais a pena e eu conseguisse chegar à National Football League. Meu pai gentilmente pagou por todo meu treinamento e parte de minha educação universitária, e eu também consegui algumas bolsas de estudo e recorri ao crédito estudantil para o resto. A única experiência profissional que tive foi trabalhando meio período como entregador de jornais, cortador de grama em um campo de golfe, motorista de caminhão e segurança de boate nos fins de semana, na faculdade.

Mas quando eu tinha 22 anos, meu pai sofreu um terrível acidente de carro que o deixou em coma por meses e, depois, incapacitado e em recuperação por 17 anos, até sua morte. Enquanto ele lutava para se recuperar, as contas médicas começaram a se acumular. Meus pais se divorciaram quando eu tinha 16 anos. A namorada de meu pai à época do acidente tinha uma procuração e decidiu que era melhor vender a empresa de seguros de vida dele. Uma parte de mim se sentiu envergonhada por pensar assim, mas percebi que não poderia mais contar com ele para me dar dinheiro. Além disso, eu havia perdido a ideia da rede de segurança de trabalhar com ele, se fosse necessário.

Minha família contou com a bondade de outras pessoas durante esse período. Vários funcionários de meu pai me mandaram cartões com dinheiro para ajudar. Eu me senti muito grato por essa generosidade, experimentando uma pequena sensação de paz por um período. Mas o dinheiro durou apenas alguns dias e, então, voltei a não ter nada.

Como eu não tinha dinheiro, não podia pagar meu próprio apartamento. Por quase um ano e meio, minha irmã deixou que eu morasse no sofá dela, de graça. Se eu quisesse dar uma saída, tinha de contar com a generosidade de meus amigos e familiares para pagar minhas refeições e meu entretenimento. Eu odiava como me sentia quando os outros pagavam para mim.

Mas continuei seguindo em frente, sem ter certeza do que poderia se materializar ou como. Senti que minha saúde física estava começando a piorar e, junto com ela, minha saúde mental.

Um dia, ao entrar no carro, me perguntei: *Por que estou me sentindo insatisfeito? Por que não me sinto satisfeito, quando tenho sido tão motivado nos últimos anos? Tenho sido orientado por metas e tenho feito coisas, mas agora não me sinto realizado por dentro. Por quê?* Conforme compartilhei em meu livro *A Mentalidade da Grandeza*, eu precisava encontrar a minha Missão Significativa, para que pudesse voltar a me sentir entusiasmado por ser eu mesmo.

Enquanto procurava novas oportunidades para conseguir um emprego ou ganhar dinheiro, entrei em contato com um mentor, que sugeriu que eu entrasse no LinkedIn. Depois de meses explorando a plataforma, descobri que tinha uma capacidade de me conectar com as pessoas de uma forma poderosa por meio do LinkedIn. A plataforma ainda estava em seu início e as pessoas tinham muitas dúvidas sobre como maximizá-la para avançar na carreira. Então me adiantei e comecei a ajudar as pessoas de graça. À medida que mais pessoas descobriam como eu havia ajudado outras, comecei a cobrar pelos meus serviços. Avancei aos tropeços durante um longo período, progredindo em alguns dias e sentindo que estava aquém do esperado em outros. Alguns anos depois de aprender, desenvolver e agregar valor às pessoas, não apenas no LinkedIn, mas nas redes sociais em geral, ganhei meu primeiro milhão de dólares em vendas.

Fiquei eufórico! Mas isso não aconteceu da noite para o dia. Foi preciso correr riscos e trabalhar sem parar durante a maior parte dos dias. E o que aconteceu comigo foi minha própria experiência pessoal, portanto, seu caminho será diferente para você. Na época, eu não achava que essa era a minha Missão Significativa, mas era algo que me entusiasmava. Eu estava aprendendo novas habilidades, ajudando outras pessoas a superar desafios e melhorando minha situação financeira nesse processo.

Mais de uma década depois, passei por muitas outras fases de crescimento em relação ao dinheiro, e agora tenho minha própria empresa, com uma Missão Significativa clara: servir a 100 milhões de pessoas semanalmente, ajudando-as a melhorar a qualidade da vida delas e a superar os obstáculos que as impedem de progredir. Meu programa *The School of Greatness* continua a crescer como um dos mais populares podcasts do mundo, com convidados incríveis com quem aprendi muito. Escrevi dois best-sellers do *New York Times* e há muito tempo passei de não ganhar nada para sete ou oito dígitos por ano.

Isso não significa que sou o homem mais rico do mundo, e conheço mais pessoas do que posso contar que ganham muito mais do que eu. Não estou aqui para dizer que dominei a jornada do dinheiro, mas durante décadas de experiência pessoal e anos entrevistando os principais especialistas financeiros e algumas das pessoas mais ricas do mundo, tive algumas realizações significativas e aprendi hábitos importantes

Uma das primeiras realizações significativas para mim não foi saber como vencer o mercado de ações ou descobrir as últimas dicas de investimento imobiliário. Tudo isso foi crucial, mas a lição mais importante sobre o dinheiro para mim veio quando eu estava sentindo o estresse avassalador de não ter nada. Com 20 e poucos anos, me virei para um de meus mentores e amigos, Chris Hawker, e disse: “Cara, eu estou precisando muito de dinheiro agora.”

Então, ele disse: “O dinheiro vem até você quando você está pronto para ele.”

Lembro-me vivamente de minha resposta imediata: “Eu me sinto devidamente preparado para ganhar algum dinheiro *agora*! Me ajudaria muito a pagar o aluguel e a comida. Não posso comprar roupas ou colocar gasolina — nada disso.”

Entretanto, olhando para trás alguns anos depois, percebi que eu não estava pronto para ganhar dinheiro naquela época. Se ele tivesse vindo até mim, provavelmente eu não o teria por muito tempo. Eu precisava trabalhar em mim primeiro, para então ganhar dinheiro. E foi isso que fiz. Isso não aconteceu de repente; foi um processo que levou vários anos e, para ser sincero, ainda está acontecendo dentro de mim, todos os dias.

Mas quando aceitei essa verdade simples sobre o dinheiro, tudo começou a mudar. Para ter mais dinheiro, você precisa se preparar para recebê-lo.

Para ter mais dinheiro, você deve se preparar para recebê-lo.

COMECE A OLHAR PARA DENTRO

A realidade contraintuitiva é que, quando você se concentra em *quem você é* e no valor único que pode gerar em serviços para o restante do mundo, em vez de em *quanto o dinheiro lhe dará*, sua energia e suas ações realmente atraem mais dinheiro para sua vida.

Você, isso mesmo, *você*, é a chave para ganhar mais dinheiro. Eu sei que a vida pode fazer com que se sinta quebrado, mas com a consciência e as ferramentas certas, acredito que você pode começar a se lembrar de quem é. Você é completo, você é inteiro. Meu amigo, você é o suficiente. Mas talvez nem sempre você se sinta assim, e minha intenção é mostrar-lhe como se sentir assim nos momentos em que se sentir vazio ou quebrado.

Mas primeiro pode ser útil entender o que o dinheiro é e o que não é — e a sua relação com ele. Aqui está o que o dinheiro *não é*.

- **O dinheiro não é o seu salvador.** Não importa o quanto você queira, o dinheiro não irá salvá-lo de sua situação atual. Ele não chegará na hora certa para salvá-lo dos erros cometidos ou ajudará a dormir melhor à noite. Ele não pode fazer com que seus relacionamentos deem certo ou a manter sua família unida. E não lhe dará uma sensação de paz interior e realização.
- **O dinheiro não é seu inimigo.** O dinheiro não quer pegar você. Ele não está rindo no canto da sala quando você se senta para tentar descobrir como pagará as contas. Ele não é o valentão do ensino médio que se dá bem com todo mundo, menos com você. Ele não o força a entrar em um jogo maluco de esconde-esconde como aquele que sempre se esconde, deixando-o como o frenético que está sempre procurando. Se ele é seu adversário, por que viria até você?
- **O dinheiro não pode ser evitado.** Alguns de nós, provavelmente todos, temos o que chamo de feridas de dinheiro. Já tivemos algum tipo de trauma em nossa vida que está conectado ao dinheiro de alguma forma. Mas, ao contrário de outros tipos de trauma, não podemos simplesmente evitar o dinheiro. Precisamos dele para viver.

Então, se não é nenhuma dessas coisas, o que é o dinheiro?

- **O dinheiro é um amplificador.** O dinheiro amplifica quem você já é. Isso é excelente, *se* você está comprometido a se tornar sua melhor versão.
- **O dinheiro é um jogo.** Tal como em qualquer jogo, sua experiência com o dinheiro deve ser divertida. Sempre que tentar fazer algo novo, não espere ser bom logo de cara. Mas, à medida que progredir em nossas habilidades, você pode subir de nível.
- **O dinheiro é energia.** O dinheiro tem uma energia e um fluxo; ele vem e vai. Quanto mais você se apega a ele, menos ele vem até você. Quanto mais você estiver disposto a investi-lo, gastá-lo com sabedoria e deixá-lo fluir para o mundo, mais ele voltará para você. É importante aprender a se alinhar com o fluxo de dinheiro em cada época da vida.
- **O dinheiro é uma fonte.** O dinheiro torna as coisas possíveis para você e para aqueles com quem você se importa. Ele traz opções e liberdade para fazer escolhas que, de outra forma, você não teria.

O dinheiro só se torna "a raiz de todo o mal" quando você começa a deixá-lo moldar quem você é. Como me esforcei para curar meu relacionamento com o dinheiro e comigo mesmo — uma jornada que continua até hoje —, aprendi a chegar a um lugar de paz interior e a entender minha autoestima sem vinculá-la ao meu patrimônio líquido.

Acho útil pensar sobre isso com algo que chamo de Estrutura de Liberdade Financeira, que mostra a relação entre ter e não ter dinheiro e como desfrutar de uma sensação de liberdade e paz e não se sentir assim.

	Com Liberdade	Sem Liberdade
Com Dinheiro	1 Empoderado → Amigo	2 Frustrado → Fracasso
Sem Dinheiro	3 Feliz → Restrição	4 Sem Esperança → Inimigo

Vamos trabalhar de trás para a frente em cada quadrante, para ver se algum deles se encaixa com você.

Quadrante 1. As pessoas que têm dinheiro e desfrutam de uma sensação de paz e liberdade na vida tendem a se sentir *empoderadas*. Elas não apenas se sentem realizadas, mas também têm acesso a opções para disseminar essa liberdade para outras pessoas e tornar o mundo um lugar melhor. Essas pessoas passam a ver o dinheiro como um amigo.

Quadrante 2. As pessoas que têm dinheiro, mas não desfrutam da sensação de paz e liberdade, tendem a se sentir *frustradas*. Afinal, elas acham que o dinheiro deveria trazer satisfação, mas não estão se sentindo realizadas. Muitas vezes, elas passam a ver o dinheiro como um fracasso, algo que prometeu, mas não cumpriu.

Quadrante 3. As pessoas que têm pouco ou nenhum dinheiro, mas desfrutam da sensação de paz e liberdade, tendem a se sentir *felizes* na maior parte do tempo. Mas suas opções para disseminar essa felicidade são limitadas pela falta de dinheiro. Como resultado, elas podem vê-lo como uma restrição.

Quadrante 4. As pessoas que têm pouco ou nenhum dinheiro e sem a sensação de paz e liberdade tendem a se sentir *sem esperanças*. Geralmente, adotam uma mentalidade vitimista, achando que não há nada que possam fazer para ganhar dinheiro e, por isso, muitas vezes, esperam que os outros lhe deem um pouco disso. De fato, elas tendem a vê-lo como um inimigo.

Meu desejo é o de que você se aproxime do primeiro quadrante e comece a pensar no dinheiro como seu amigo. Você não tentaria se tornar amigo de pessoas apenas para usá-las, tentaria? Você não gostaria que seus amigos tentassem transformá-lo em algo que você não quer ser, certo? Então, por que tendemos a permitir que nossa relação com o dinheiro faça isso conosco?

Seu relacionamento com o dinheiro pode não ser muito amistosa no momento, mas a sabedoria nos diz que a melhor maneira de atrair amigos é se preparar para ser o tipo de pessoa que os outros amigos — como o dinheiro — realmente querem ter por perto. Ao fazer o trabalho interno e curar sua relação com o dinheiro, você fará um novo amigo que pode ir e vir livremente, enquanto você vive uma vida com mais paz e menos estresse.

TRÊS ETAPAS ESSENCIAIS PARA MELHORAR SUA RELAÇÃO COM O DINHEIRO

Minha intenção é ajudá-lo a criar uma relação com o dinheiro de dentro para fora. À medida que avançamos em seu caminho rumo a esse relacionamento mais saudável e abundante, ficarei feliz por poder compartilhar histórias de minha própria vida, além de insights incríveis de especialistas em finanças que entrevistei em meu programa, *The School of Greatness*.

Mas atenção: este livro não é recheado de dicas e truques sobre como se tornar um milionário da noite para o dia. E você não está prestes a aprender as melhores maneiras de criar uma carteira de investimentos ou se aprofundar em estratégias específicas para fazer seu dinheiro trabalhar para você. É importante falar com um consultor financeiro ou profissional para obter orientação adaptada às suas circunstâncias específicas. Em vez disso, nosso foco será a preparação para ganhar dinheiro, trabalhando primeiro em *você mesmo*.

Etapa 1: Conheça Sua História com o Dinheiro. Exploraremos primeiro a sua História com o Dinheiro, analisando o que é isso, como foi moldado e como molda seu próprio relacionamento com o dinheiro. Exploraremos algumas das dificuldades mais comuns que as pessoas têm com o dinheiro, para que você possa ver com o que se identifica.

Veremos como cada um de nós está preparado para lidar com o dinheiro de forma diferente, e você descobrirá o seu próprio Estilo de Dinheiro. Em seguida, aprofundaremos a aplicação dos insights de relacionamento ao seu próprio estilo de dinheiro, para realmente esclarecer como você o vê e, assim, começar a facilitar sua relação com o dinheiro em sua vida.

Etapa 2: Redefina Sua Mentalidade com o Dinheiro. Então, exploraremos o que significa curar suas feridas causadas pelo dinheiro, o trauma associado a ele em sua História com o Dinheiro. Quando você se livrar das coisas que o estão impedindo, deixará de perseguir o que deseja e começará a atraí-las. Descobriremos como, exatamente, você poderá se tornar alguém que atrai o dinheiro. Conectaremos o dinheiro à sua Missão Significativa e exploraremos a melhor forma de monetizá-la.

Etapa 3: Prepare-se para Mais Dinheiro. Com uma base saudável estabelecida para reimaginar sua relação com o dinheiro, é hora de ser prático e explorar os Sete Hábitos do Dinheiro.

- *Hábito 1. O Hábito de Mentalizar*

  A verdade contraintuitiva sobre o dinheiro é que, quanto mais você for generoso com ele, mais ele tenderá a voltar para você e mais energia positiva você gerará. E quanto mais você o manifesta, mais inspirado você fica para doá-lo.

- *Hábito 2. O Hábito de Estruturar*

  Você não pode ir até seu destino se não souber para onde está indo. É hora de estruturar sua vida e fazer um plano financeiro que possa ser trabalhado diariamente.

- *Hábito 3. O Hábito de Monetizar*

  Quando você entende e aprecia o seu valor, pode monetizá-lo e compartilhá-lo com o mundo. Infelizmente, muitas pessoas subestimam seus dons e habilidades exclusivos, mas você não. Não depois de implementar este hábito.

- *Hábito 4. O Hábito de Programar*

  Suas conexões podem ser o catalisador de seu sucesso financeiro se você agir da maneira correta. Mostrarei como faço isso, para que você possa buscar seus melhores mentores, professores e amigos que se alinham com sua missão.

- *Hábito 5. O Hábito de Persuadir*

  Quando você se torna bom em persuadir outras pessoas com sua visão do dinheiro, pode multiplicar sua capacidade de ganhá-lo. Mostrarei o segredo para fazer isso bem feito, sem sentir que está se intrometendo, à medida que amplia quem você é, como ajuda genuinamente os outros e expande sua marca pessoal.

- *Hábito 6. O Hábito de Mobilizar*

  Para ampliar sua capacidade de ganhar dinheiro, você precisará ser capaz de se mover em suas áreas mais fortes. O que as pessoas bem-sucedidas de verdade aprenderam a fazer bem é delegar todo o resto. Compartilharei como mobilizar sua equipe para fazer mais e agregar mais valor aos outros

- *Hábito 7. O Hábito de Aprender*

  Para manter sua abundância financeira e a sua paz em crescimento, você vai querer aumentar seu conhecimento financeiro. Ao fazer do aprendizado sobre dinheiro parte do fluxo de sua vida, você achará a administração financeira muito mais fácil e gratificante.

Entender seu Estilo de Dinheiro moldará o tipo de relacionamento que você tem com o dinheiro e está diretamente relacionado a quanto dinheiro você ganha e ao quanto de paz, clareza e liberdade você terá pelo resto da vida.

Ao escolher este livro, você deu um enorme primeiro passo. Estou muito feliz em compartilhar o que aprendi com pessoas incríveis, além dos insights financeiros e dos hábitos úteis que utilizei ao longo dos anos. Mas acredite em mim quando digo que a base mais autêntica para uma vida financeiramente satisfatória é acreditar em si mesmo.

Agora, se você está pronto para se dedicar, aprender mais, se aprofundar e tomar medidas gigantescas e imperfeitas, então está pronto para descobrir como *Ganhar Dinheiro Fácil*.

CAPÍTULO 2

A SUA HISTÓRIA COM O DINHEIRO

Jamais esquecerei o dia em que aconteceu. Foi no dia seguinte ao Dia dos Pais. Ao voltar para casa depois de algum tempo fora, eu dirigia batendo os dedos no volante, ao som de uma música. Estava ensolarado, claro — um dia normal em L.A. Até que não estava mais.

Virei a esquina, em direção ao meu prédio, e parei completamente. Caos total. As luzes dos carros de polícia e de emergência refletiam em uma tenda branca. As sirenes não estavam soando, mas os sons de comandos urgentes e pés arrastados afastaram a música de minha mente enquanto eu tentava acompanhar a história que se desenvolvia diante de meus olhos. Policiais e paramédicos se movimentavam pelo local, enquanto a sensação no ar alternava entre agitação e quietude chocada.

Depois que parei e comecei a fazer perguntas, fiquei surpreso ao saber que um homem havia se suicidado, pulando do prédio onde eu morava. Fiquei ainda mais atônito ao ouvir seu nome.

Não tentarei fingir que sabia mais sobre aquele homem do que seu nome e apartamento. Eu não tinha ideia de toda a escuridão que ele sentiu ao seu redor durante os últimos momentos de sua vida. Tendo trabalhado com profissionais de saúde mental em minha jornada de cura, meu coração se voltou para ele e sua família. Eu entendo o impacto do trauma e do abuso em minha vida, e se você estiver se sentindo sem opções e sobrecarregado com sua situação atual, peço que procure ajuda. Posso lhe dizer que sou uma pessoa completamente diferente após ter escolhido pedir ajuda a profissionais.

Quando penso naquele homem e na forma como sua vida acabou de repente, não consigo explicar por que isso aconteceu. Não posso especular sobre seu relacionamento com a família, os amigos ou contatos comerciais. Mas uma coisa que sei sobre ele é que tinha dinheiro. Ele era conhecido por ter algumas centenas de milhões de dólares na conta. No entanto, mesmo com todo esse dinheiro, aquele homem estava lidando com situações que o faziam sentir que a única coisa que podia fazer naquele dia era deixar este mundo e tudo o que havia nele. E ele não é o único.

Se você está confuso com a relação entre dinheiro e saúde mental, saiba: não importa o quanto tenham ou não, a relação que as pessoas têm com as feridas causadas por seu dinheiro é real.

O DINHEIRO MENTE

Uma vez, perguntei ao público de minhas redes sociais: "Qual é o maior desafio que você enfrenta que o impede de ganhar mais dinheiro e ser feliz com sua renda?" As principais respostas merecem uma análise mais profunda, porque simplesmente não são verdadeiras. Veja se algumas dessas mentiras lhe são familiares:

- **Falta de treinamento.** Talvez você tenha optado por não ir para a faculdade e agora sinta que deveria ter ido, ou vice-versa. Você começa a pensar que, se tivesse cursado esta faculdade, em vez daquela, estaria em uma situação melhor. Você acredita na mentira de que precisa obter os diplomas certos ou as melhores notas, ou talvez se inscrever em um programa de treinamento do palestrante inspirador certo para ganhar dinheiro.
- **Falta de tempo.** Você se sente tão sobrecarregado no trabalho que tudo o que consegue fazer é cair no sofá por alguns minutos antes de dormir, acordar e fazer tudo de novo no dia seguinte. Você acredita na mentira de que não há tempo extra para

ganhar mais dinheiro, porque já trabalha muito e volta para casa para cozinhar, limpar, fazer exercícios e ficar com a família.

- **Falta de foco.** Você tem várias ideias incríveis para ganhar dinheiro, mas não tem a menor ideia de como escolher uma e torná-la realidade. Então se mantém preso em um ciclo de ter uma grande ideia, ficar animado com ela, falar sobre ela, fazer algumas anotações e seguir em frente com seu dia. E isso se repete. Você acredita na mentira de que a maior parte do dinheiro vai para aqueles que têm as melhores ideias.
- **Falta de recursos.** Se é preciso dinheiro para ganhar dinheiro, você já está no prejuízo, porque não tem nenhum investidor. E mesmo que tivesse, você não tem uma equipe para ajudá-lo a começar. Tem que contratar várias pessoas para tirar o projeto do papel e não tem como pagá-las. Ninguém trabalha de graça, então você tenta guardar algum dinheiro para finalmente ter o suficiente para lançar sua ideia. Você acredita na mentira de que seu caminho para a riqueza deve passar pela propriedade dos outros.
- **Medo do desconhecido.** Aqui é onde seu cérebro pula para o modo "e se". *E se eu fracassar? E se as pessoas me julgarem? E se eu não conseguir administrar a riqueza? E se eu escolher um trabalho que pague muito bem e odiá-lo?* Você não tem uma referência para o que deseja fazer e, por isso, apresenta todos os motivos pelos quais seria melhor ficar na sua zona de conforto, agradável e familiar. Você acredita na mentira de que imaginar o pior cenário sobre o dinheiro evitará problemas na sua direção.
- **Autoestima negativa.** Você simplesmente não acredita em si e uma parte de si não acredita que você é digno de ganhar mais do que está ganhando neste momento. Você se sente inseguro, temeroso e incerto sobre o que acontecerá em seguida. Comete muitos erros estúpidos, dos quais não se orgulha, e depois se envergonha ao pensar que não é capaz de fazer as mudanças necessárias para sair da situação em que se encontra. Você acredita na mentira de que não merece o dinheiro.

- **Pensa que dinheiro é ruim.** Você aprendeu que, se quer dinheiro, é ganancioso. Ao acreditar que o dinheiro é ruim, você acredita que também é ruim por querer mais. A culpa e a vergonha começam a surgir e você tenta esquecer as coisas que deseja fazer afastando essas ideias sempre que elas surgem na sua cabeça. Você acredita na mentira de que não será mais uma boa pessoa se ganhar muito dinheiro.
- **Autossabotagem.** Quando você tem dinheiro, ele se torna um fardo e sobrecarrega sua vida, algo que você não quer. Talvez você tenha outras pessoas lhe pedindo apoio financeiro. Talvez se sinta culpado por não ajudar mais. Por sentir isso, sua tendência é gastar mais rápido ou doar muito mais, e acaba voltando ao ponto de partida. Você acredita na mentira de que mais dinheiro deve trazer mais problemas.
- **Falta de conexões.** Ter as conexões "certas" pode ajudá-lo a fazer conexões semelhantes e, então, você estará no caminho certo. Mas talvez você nunca tenha conhecido alguém com dinheiro e se sente estranho ao tentar fazer contato com pessoas que ainda não conhece. Você acredita na mentira de que a única forma de ser rico é tendo amigos ricos.

Você se identifica com alguns pontos dessa lista? Pare um momento para reconhecer os três principais. Lembre-se de que isso não é um julgamento de sua situação atual, mas um passo para entender melhor suas dificuldades. Conforme avançarmos, exploraremos melhor esses pontos. Por enquanto, tomar consciência deles é um bom ponto de partida.

Para ser totalmente transparente, tive de trabalhar pessoalmente em cada um dos itens dessa lista, mas não os chamaremos de *desculpas*; os chamaremos do que realmente são: *histórias*. É exatamente isso que são — nem mais, nem menos. Essas histórias podem ou não estar de acordo com a realidade, mais saiba que:

A Sua História com o Dinheiro é verdadeira para você e molda tudo o que você faz.

Se a história que você conta a si mesmo é a de que não tem tempo para ganhar mais dinheiro, por que você tentaria arranjar tempo para isso? Se a história que você conta a si mesmo é a de que não é digno de riqueza, por que tentaria obtê-la? Se a história que você conta a si mesmo é a de que o dinheiro é ruim, por que você quereria mais? E se você acha que não tem conexões, por que entraria em contato com alguém? A realidade é que nossas dificuldades financeiras pouco têm a ver com as histórias que contamos a nós mesmos sobre isso.

TODOS TEMOS

Basta trabalhar duro e você terá dinheiro. Quantas vezes, em sua vida, alguém lhe contou essa História com o Dinheiro? Com que frequência você disse a si mesmo que, se não fosse tão preguiçoso, seria muito mais rico? De onde você tirou que ser bem-sucedido significa estar sempre exausto e sem forças? E quantas vezes você trabalhou *duro mesmo* para ganhar dinheiro só para perceber que não estava conseguindo?

Foi exatamente isso que aconteceu com uma escritora e coach que conheço. Ela tinha 40 anos de idade, morava em uma quitinete alugada e dirigia um carro caindo aos pedaços. Como escritora freelance, ela não tinha dúvidas de que tinha que trabalhar duro para ganhar dinheiro. Em determinado momento, chegou a tricotar pequenas peças, para ganhar a vida como "artista faminta". Quando finalmente percebeu o quanto estava se esforçando para conseguir trabalho, enviando e-mails, agendando e realizando ligações e, em seguida, sentando-se ao computador para concluir um projeto de qualidade para o cliente, ela descobriu que estava ganhando uma quantia impressionante — menos de um dólar por hora!

Como ex-integrante de uma banda de rock, ela disse a si mesma que "teria a lotação esgotada" se ganhasse muito dinheiro com a escrita. Afinal, ter um caminho criativo na vida implicava algumas batalhas e conflitos.

Mas ela estava cansada de viver uma vida difícil e sem dinheiro. Então, leu milhões de livros de autoajuda que falavam sobre a maneira como seus pensamentos e crenças moldam sua realidade e começou a analisar as histórias que contava a si mesma: *Não consigo ganhar dinheiro como escritora. O dinheiro é ruim. Os ricos são nojentos.* Então, se deu conta: **se podia acreditar nessas coisas negativas, por que não podia escolher acreditar nas incríveis?**

Naquele momento, ela decidiu assumir mais responsabilidade por seus pensamentos, crenças, palavras e ações. Ela disse a si mesma que não importava a quantidade de provas em contrário que havia coletado ao longo dos anos. Seus familiares podiam rir dela, se quisessem. Já não importava se ela ainda tinha resquícios daquelas antigas Histórias com o Dinheiro. Ela se sentia entusiasmada com a possibilidade de viver uma vida rica e faria o que fosse preciso para atingir sua própria meta de ganhar a vida de verdade como empreendedora.

Ela contratou um coach, que a inspirou. Ao invés de ceder ao pensamento de que contratar um coach seria um investimento irresponsável e impossível, ela optou por apostar tudo. Investiu em si mesma e seguiu todas as sugestões e etapas de seu coach — por mais aterrorizantes que fossem.

Agora Jen Sincero, a outrora artista morta de fome, ajuda pessoas em todo o mundo a transformar suas vidas pessoais e profissionais. Ela ajudou outras milhões com seus livros, incluindo seu primeiro best-seller do *New York Times*, *Você é Fodona*, que vendeu *milhões de cópias*. E tudo começou quando ela se conscientizou e mergulhou fundo na compreensão e na mudança de suas crenças sobre o dinheiro.

É muito fácil viver nossas Histórias com o Dinheiro no automático. Se nunca reservarmos um tempo para nos perguntarmos sobre nossas próprias Histórias com o Dinheiro e por que acreditamos no que acreditamos, nunca teremos a oportunidade de mudar. Mas a sua oportunidade começa agora.

A SUA HISTÓRIA COM O DINHEIRO

Se você está pronto para ganhar dinheiro fácil, sugiro que comece por se tornar mais consciente de sua própria História com o Dinheiro. Ao observar o dinheiro indo e vindo em sua vida, eu o desafio a começar a se perguntar por que você faz o que faz com ele.

Lembre-se de que ser financeiramente livre não tem a ver com o quanto de dinheiro você ganha ou quanto tem em sua conta bancária. Existem multimilionários e bilionários com quantias aparentemente ilimitadas, mas que sofrem por dentro e vivem uma vida solitária de infortúnio. Ser financeiramente livre é um estado de ser e tem tudo a ver com a relação que você tem com o dinheiro e com sua própria autoestima.

Para mudar a trajetória de seu relacionamento e se aproximar de uma vida de paz e abundância financeira, é hora de ter uma conversa franca com seu dinheiro. Talvez você não entenda todas as razões pelas quais faz o que faz neste momento, e está tudo bem. Apenas se dê algum tempo para observar. Sem adicionar qualquer julgamento, culpa ou vergonha às suas observações, responda a estas sete perguntas da História com o Dinheiro, para ver como é sua relação atual com ele:

1. **O que você aprendeu sobre dinheiro na infância?** Refletir suas experiências de infância pode ajudá-lo a ver de onde surgiram os diferentes sentimentos, crenças e comportamentos. Como seus pais, responsáveis, irmãos e amigos falavam sobre dinheiro? Como eles viviam a riqueza ou a falta dela? Ao refletir sobre o que influenciou sua relação com o dinheiro, é mais fácil fazer mudanças conscientes na maneira como você interage e se sente em relação a ele.
2. **Qual é sua relação atual com o dinheiro?** Tente ser o mais aberto e honesto possível consigo. Como você se sente em relação ao dinheiro hoje? Estressado, irritado, empolgado ou animado? Há outra palavra que lhe venha à mente? Que hábitos você adquiriu ao longo do tempo?
3. **O que você acha que é verdade sobre o dinheiro?** Suas crenças sobre o dinheiro determinam seu comportamento sobre ele. O dinheiro é bom, ruim ou nenhum dos dois? É um símbolo de status? Ou algo mais? É algo que poucos podem obter, ou há o suficiente para todos? Depois de identificar suas crenças sobre o dinheiro, você pode começar a classificar quais de suas ideias são verdadeiras e quais são mentiras.

4. **Quanto suas emoções afetam seus gastos e suas economias?** Quando seus sentimentos afetam suas decisões financeiras, você pode não entender totalmente por que compra certas coisas. Você faz compras físicas ou online quando se sente estressado, feliz ou entediado? Ou está sempre verificando o saldo por medo de ter esquecido algo? De onde você acha que esse comportamento está vindo?

5. **Qual é seu maior medo financeiro?** O medo alimenta a ação, então o que você mais teme sobre o dinheiro determinará o que você faz com ele. Você está preocupado com as dívidas? Tem medo de não poder se aposentar quando quiser? Lembre-se de que este é um momento de reflexão, e não de culpa ou vergonha. É importante saber os medos que está enfrentando para poder combatê-los e, por fim, se livrar do domínio que eles exercem sobre você.

6. **Que palavras você usa para falar sobre dinheiro?** Sua linguagem revela sua mentalidade. Você usa palavras como *sorte, desconto, crédito, empréstimo* ou *contas?* E palavras como *investimento, poupança, aumento, ser rico, empreendedor* ou *próspero*?

7. **Como você gostaria que seu relacionamento com o dinheiro mudasse?** É sempre mais fácil avançar em direção a um alvo quando você sabe onde quer chegar. Como é sua relação ideal com o dinheiro? O que o faria se sentir financeiramente realizado e em paz com o dinheiro? Esta visão de um tipo diferente de relacionamento pode ajudá-lo a se manter motivado e sempre em movimento.

Quanto mais você se esforçar para entender seus pensamentos, sentimentos e comportamentos relacionados ao dinheiro, mais oportunidades terá para que sua História com o Dinheiro cresça e evolua.

Agora que você tem um forte entendimento de sua História com o Dinheiro, o convido a parar e pensar sobre mais uma questão, que moldará sua direção nesta jornada financeira:

O que ser rico significa para você?

Na época em que eu estava tentando pagar minha dívida com a faculdade, li *Como Ficar Rico*, o best-seller do *New York Times* de Ramit Sethi. Em sua série, *Como Ficar Rico*, na Netflix, ele se reúne com as pessoas para dar uma olhada honesta em suas finanças e ajudá-las a se aproximar da vida rica que imaginam. Ramit pede a cada cliente para definir sua vida rica e, então, trabalha para acabar com o espaço entre a situação financeira atual do cliente e aquela à qual ele quer chegar.

Acho fascinante no show que alguns casais têm visões similares de uma vida rica; outros têm ideias completamente diferentes. Um noivo chama sua noiva de sonhadora e se surpreende quando diz a Ramit que se vê como destruidor de sonhos. Outro homem quer ter o suficiente para que sua mãe, que trabalhou tanto para cuidar dele, possa se aposentar. Outro casal diz que quer se aposentar mais cedo, mas acaba tirando um mês de férias com os filhos.

Não importa como definam sua vida rica, Ramit lhes oferece um exercício de visualização de história compartilhada que lhes dá algo para trabalhar. Concentrar-se no que realmente querem os ajuda a parar de se concentrar no que não querem, o que pode ser qualquer coisa, desde dívidas até compras por impulso. Se pudessem ter resolvido sua situação financeira sem a ajuda de Ramit, teriam feito isso. Mas, sem um plano concreto para trabalhar e alguém que os ajudasse a reconhecer e abordar seus pensamentos, sentimentos e comportamentos em relação ao dinheiro, era muito fácil simplesmente empilhar as contas e sentir que não podiam sequer sonhar em ter uma vida realmente rica.

Agora é a sua vez. Você já pensou um pouco sobre sua história; agora eu o convido a sonhar em como ela poderia ser. Em vez, de desistir e ceder, é hora de fazer escolhas diferentes. A Sua História com o Dinheiro cria um contexto no qual seu Estilo Financeiro natural pode tanto crescer quanto diminuir.

SUA ESTRATÉGIA

Exercício 1: Inverter a Mentira

Neste capítulo, vimos os maiores desafios que as pessoas dizem encontrar quando se trata de dinheiro. Talvez você acredite em algumas dessas coisas, mas eu posso ser sincero? Na verdade, essas histórias são mentiras que você está contando para si, e elas o mantêm afastado do dinheiro. A única forma de combater uma mentira é inverter o roteiro e substituí-la pela verdade. Esse é o objetivo deste exercício.

Em cada um dos títulos a seguir, você escreverá duas afirmativas. A primeira é a mentira em que você acredita sobre esse desafio. A segunda é a verdade que nega a mentira. Por exemplo, para *sem tempo*, você pode dizer: "Eu adoraria poder criar algo que me ajudasse a ganhar um dinheiro extra, mas entre meu trabalho em tempo integral, o deslocamento até ele e o cuidar de minha família, não sobra tempo." Mas quando você dá uma pausa para avaliar essa afirmativa, percebe que passa pelo menos três horas por dia navegando nas redes sociais e assistindo a programas de streaming. Armado dessa nova perspectiva, você pode escrever a seguinte verdade: "Eu tenho a mesma quantidade de tempo que todos os outros e, se eu utilizá-lo intencionalmente, poderia encontrar tempo extra para ganhar mais dinheiro." Faz sentido? Agora é a sua vez:

Falta de treinamento

Mentira: ______________________________

Verdade: ______________________________

Falta de tempo

Mentira: ______________________________

Verdade: ______________________________

Falta de foco

Mentira: ____________________

Verdade: ____________________

Falta de recursos

Mentira: ____________________

Verdade: ____________________

Medo do desconhecido

Mentira: ____________________

Verdade: ____________________

Autoestima negativa

Mentira: ____________________

Verdade: ____________________

O dinheiro é ruim

Mentira: ____________________

Verdade: ____________________

Autossabotagem

Mentira: ____________________

Verdade: ____________________

Falta de conexões

Mentira: ____________________

Verdade: ____________________

Meus parabéns! Se você dedicou algum tempo para trabalhar com essas mentiras e inverter o roteiro, pode começar a se sentir fortalecido. Você está no caminho certo para reescrever sua História com o Dinheiro.

Exercício 2: Defina "Rico"

Como visto nas histórias que discutimos e, provavelmente, naquelas das pessoas que você encontrou em sua vida, há várias definições de "rico." A maioria dessas definições tem pouco a ver com dinheiro. Para ganhar dinheiro fácil mesmo, você precisa saber onde ele se encaixa em sua definição pessoal de riqueza

Neste exercício, você fará um brainstorming de uma lista de coisas que o fazem se sentir rico e as transformará em afirmativas. Pode ser um ótimo jantar com os amigos, uma viagem a novos lugares, sair com a família ou praticar um novo hobby. Pode ser escrever um livro, negociar por conta própria ou decidir mudar a maneira como se vê. Pode ser ter muito dinheiro na conta ou apenas pagar as contas. Pode ser uma casa de praia ou #vanlife [N. T.: morar em um veículo motorizado e viajar pelo mundo]. Não importa qual seja sua definição de ser rico; o que importa é que você a articule e analise. Ao compreender sua definição pessoal de riqueza, você pode começar a se concentrar nas experiências que levam a uma nova História com o Dinheiro — uma história em que cada dia é um dia rico.

Tudo o que você precisa fazer é preencher o espaço em branco com o lhe que vier à mente — não importa o quão pequeno ou grande possa parecer:

Me sinto rico quando ______________________________

____

____

Exemplo: *Me sinto rico quando toco uma nova música em meu violão para minha namorada. Me sinto rico quando consigo um carimbo novo em meu passaporte. Me sinto rico quando mando uma mensagem para um amigo e digo o quanto ele significa para mim.*

Exercício 3: Reflita Todas as Noites

Para fortalecer os músculos de suas crenças sobre o dinheiro, comece um diário de reflexões para ajudá-lo a trazer à tona as mentiras sobre o dinheiro, de modo que possa lidar com elas objetivamente e criar uma nova História com o Dinheiro. Sem julgamento, vergonha ou culpa, faça algumas perguntas a si ao encerrar a noite.

- Quais foram meus pensamentos e sentimentos hoje?
- Onde foi parar a maior parte de meus pensamentos e sentimentos sobre o dinheiro hoje?
- Quando meus pensamentos e sentimentos foram negativos, como eu respondi?
- Que lição aprendi hoje sobre mim e minha relação com o dinheiro?

Não importa que respostas dê; você está crescendo e aprendendo. Ao criar esse hábito de reflexão noturna, verá áreas de força e padrões que o ajudarão a entender as áreas de crescimento. Trazer seus sentimentos e pensamentos subconscientes à sua consciência é um grande passo para criar uma vida mais abundante e rica.

CAPÍTULO 3

O SEU ESTILO DE DINHEIRO

Uma perguntinha rápida: você é gastador, poupador, comprador, acumulador ou investidor? Alguém já lhe disse que você é um desses? Vejo muitos testes online criados para encaixá-lo em um desses tipos ou algum semelhante. Talvez você até tenha dito aos outros que é assim que é, como se sua abordagem com relação ao dinheiro fosse, de alguma forma, uma parte fixa de sua identidade.

E se eu lhe dissesse que, quando se trata de sua relação com o dinheiro, nomes como poupador e gastador são apenas rótulos colocados em você? Eles não são um reflexo de quem você é ou tem que ser. Você acha esta ideia libertadora? Emocionante? Talvez até um pouco assustadora?

É verdade que você tem tendências comportamentais naturais, que estão embutidas em sua personalidade. Assim como algumas pessoas são naturalmente introvertidas ou extrovertidas, você pode estar inclinado a gastar, economizar ou investir seu dinheiro. Essas tendências naturais formam o que chamo de seu Estilo de Dinheiro. Mas esses orgânicos Estilos de Dinheiro são moldados pela sua História com o Dinheiro, ou seja, pelo que aconteceu *com* você e *para* você.

Talvez seja melhor pensar assim: sua História com o Dinheiro é o resultado de suas tendências internas. Você não as escolheu; simplesmente nasceu com elas. Com certeza, as influências em seu ambiente moldaram quem você é e até mesmo causaram feridas, que afetam a maneira como evita partes dolorosas de sua História com o Dinheiro. Mas certas coisas são simplesmente parte do DNA comportamental, se preferir. Sua História com o Dinheiro é o resultado de escolhas feitas e respostas às ações e contribuições de outras pessoas.

No entanto, os rótulos atribuídos por você mesmo ou pelos outros são mais o resultado de como sua história moldou seu estilo do que um produto de quem você é ou deve ser. No fim do dia, quando se trata de dinheiro, nem sua história nem seu estilo determinam sua estratégia futura. Mas assim que você toma consciência de seu estilo e história, pode decidir por si mesmo o que deseja mudar para criar sua Estratégia de Dinheiro. Eu chamo isso de Fórmula da Estratégia de Dinheiro, que seria assim:

Estilo x História = Estratégia

Seu Estilo de Dinheiro natural, multiplicado pela sua História com o Dinheiro o leva a um lado da equação — mas você pode entender seu estilo e escolher a direção de sua história conforme avança. Pode mudar sua história para elaborar uma estratégia, que o levará a um lugar onde você viverá uma vida mais rica.

Você não é meramente um produto de seu estilo e história. Você *pode mudar*. E, ao fazê-lo, pode decidir por si qual será sua Estratégia de Dinheiro como parte de quem escolheu se tornar.

Vamos separar a Fórmula da Estratégia de Dinheiro, começando com o seu primeiro componente: seu Estilo de Dinheiro. Todos viemos ao mundo com certas tendências comportamentais. Conforme crescemos, essas tendências são moldadas por milhões de pequenas influências e emoções, ligadas a experiências com o dinheiro e repetidas inúmeras vezes. Você vê como os outros respondem ao dinheiro, ouve ensinamentos sobre dinheiro, acredita em certas crenças sobre o dinheiro. Pode, inclusive, desenvolver comportamentos aprendidos ao longo do tempo à medida que descobre a melhor forma de interagir com outras pessoas em torno do dinheiro. Esses comportamentos funcionam muito como configurações padrão e, por isso, aparecem muitas vezes quando você se sente pressionado, receoso ou ansioso.

Nem seu estilo nem a sua história determinam sua estratégia futura.

Eu criei uma ferramenta de avaliação simples para ajudá-lo a descobrir o seu Estilo de Dinheiro natural. Tenha em mente que não estou tentando fazer uma psicoanálise ou traçar um profundo perfil psicológico, nem essa ferramenta tem a intenção de fornecer consultoria financeira. Estamos pintando com um pincel amplo aqui, para identificar tendências significativas com base em seu DNA comportamental. Também é importante notar que nenhum estilo é melhor do que o outro e que cada um vem com benefícios naturais únicos e potenciais obstáculos.

Vamos tomar algum tempo para descobrir qual dos quatro Estilos de Dinheiro é mais provável o seu. Conforme lê os cenários a seguir, escolha a resposta que você provavelmente teria. Alguns dos cenários estão claramente relacionados ao dinheiro, enquanto outros avaliam como você reage aos fatos da vida em geral, para ter uma noção de sua conexão natural em determinadas situações. Não há respostas certas ou erradas. Portanto, não pense demais.

1. Seu primo lhe diz que tem uma oportunidade de investimento "imperdível".

Sua resposta mais provável:

A. Pedir-lhe que mostre os valores. Se fizer sentido, tô dentro!

B. Você fica entusiasmado com as possibilidades e mal pode esperar para entrar de cabeça. Você vai resolvendo tudo à medida que avança.

C. Parabeniza seu primo por correr atrás dos sonhos. Você quer incentivá-lo, mas também deve analisar a situação mais de perto, para garantir que isso não prejudique seu relacionamento.

D. Você pede para ver o plano de negócios e os números envolvidos. Você quer saber se ele fez a "lição de casa" antes de fazer sua própria pesquisa.

2. Parabéns! Você recebeu uma quantia inesperada de dinheiro.

Sua resposta mais provável:

A. Potencializa seu sonho de abrir uma empresa e se tornar seu próprio CEO!

B. É hora de celebrar, viajar pelo mundo e criar aventuras memoráveis com seus amigos e familiares.

C. Você vê com sua família e seus amigos próximos se alguém está precisando de ajuda.

D. Você coloca o dinheiro em uma conta bancária segura, enquanto analisa seu orçamento atual e faz um plano para usá-lo da melhor forma possível.

3. Você guardou um dinheiro e está pronto para investi-lo, então procura uma consultora financeira, que deseja analisar a situação de suas finanças.

Sua resposta mais provável:

A. Você prepara perguntas que a desafiarão a ver novos investimentos que ajudarão seus ativos a crescer ainda mais do que ela planejou.

B. Você se sente um pouco estressado com a conversa, pois acha que não entende bem os detalhes, mas gosta muito de conversar com ela.

C. Você vê com bons olhos a oportunidade de garantir o futuro financeiro de sua família. Antes da reunião, você conversa com as pessoas-chave para saber de suas necessidades ou preocupações.

D. Você se prepara minuciosamente para a revisão verificando todos os números e analisando os dados que coletou pessoalmente.

4. Seus amigos sugerem um encontro no final de semana, por meio de um grupo de mensagens de texto, e estão abertos a novas ideias

Sua resposta mais provável:

A. "Conheço um ótimo lugar para comer e posso conseguir reservá-lo

prar agora, talvez não consiga comprar outra coisa de que precise mais tarde. Você mantém o pedido atual e marca o produto como favorito.

D. Você precisa pesquisar mais sobre esse item. Parece bom, mas por que custa tão pouco? Será que tem algum problema nele? Provavelmente é melhor pensar um pouquinho e voltar depois.

9. Membros da família pedem ajuda financeira pela terceira vez no ano.

Sua resposta mais provável:

A. Você dá um sonoro "não". Dar dinheiro não está funcionando. Eles precisam tomar decisões melhores.

B. Você lhes dá o dinheiro que tem disponível, porque vê potencial neles e sente lá dentro que desta vez pode ser diferente.

C. Você dedica um tempo para ouvir os problemas deles e se oferece para tentar encontrar mais recursos para ajudá-los. Mesmo que tenha dúvidas, você provavelmente dará algo, para preservar o relacionamento.

D. Você oferece ajuda para avaliar os planos financeiros deles e até investir em um curso para ensinar-lhes boas práticas, mas só lhes dará dinheiro se perceber um caminho claro para obter melhores resultados.

10. Você quer sair de um empreendimento comercial com um amigo de longa data, mas no qual perdeu dinheiro, mas ele pede uma última conversa para convencê-lo a ficar.

Sua resposta mais provável:

A. Você sabe o que quer, mas explica com franqueza por que está saindo, concentrando-se nos fatos para explicar claramente por que é melhor para você seguir em frente.

B. Você ouve o que ele tem a dizer, mas se sua intuição ainda disser para não permanecer, você não permanece. Mesmo que esse empreendimento não seja o ideal, é provável que você encontre outro, bom, em breve.

C. Esse tipo de conversa é sempre desconfortável, e quando começa a fase do choro, você começa a pensar se sair é o melhor mesmo, independentemente dos números.

D. Você ouve o caso e observa as tendências de ambas as opções. Você quer ter a certeza de que não deixou passar nada antes de tomar uma decisão consciente.

Agora basta somar quantas vezes você marcou de A a D.

A __________ **B** __________ **C** __________ **D** __________

Se você respondeu mais A, seu estilo de dinheiro é O Diretor.

Se você respondeu mais B, seu estilo de dinheiro é O Estimulador.

Se você respondeu mais C, seu estilo de dinheiro é O Cuidador.

Se você respondeu mais D, seu estilo de dinheiro é O Analista.

Meu Estilo de Dinheiro é

____

Se dois ou mais estilos terminaram empatados, leia a descrição a seguir para determinar qual se encaixa melhor em seu estilo natural. Vamos ver cada um deles.

O DIRETOR. Esse estilo se concentra em avançar e romper barreiras para fazer as coisas. Normalmente, Diretores gostam de tentar novas coisas e desafiar o status quo. O foco deles é em crescimento e expansão, tornando as coisas maiores e melhores. Diretores não só pensam fora da caixa; eles descobrem como explodi-la! Seu desejo de realização é forte, de modo que as metas financeiras costumam ser, naturalmente, o centro das atenções.

BENEFÍCIOS DE SER UM DIRETOR	COISAS QUE OS DIRETORES NORMALMENTE DIZEM,
Iniciativa própria.	*O que você está esperando?*
Foco nos resultados.	*Me mostre o dinheiro!*
Prefere os fatos aos sentimentos.	*Traga os fatos.*
Não se intimida com os desafios.	*Nós podemos fazer!*
Disposição para tomar decisões difíceis.	*Isso não está funcionando. Precisamos mudar.*
Tranquilidade sob pressão.	*Sem pânico. Eu cuido disso.*
Tem uma forte tendência à ação.	*Vamos trabalhar!*

O ESTIMULADOR. Este estilo é empolgado com, bem, quase tudo. Ele dora se envolver com as pessoas, e os outros geralmente o veem como a alegria da festa. Mas os Estimuladores geralmente não gostam da sensação de rigidez do planejamento detalhado. Preferem fazer as coisas à medida que avançam e confiar que o universo os protegerá quando surgirem as necessidades financeiras.

BENEFÍCIOS DE SER UM ESTIMULADOR	COISAS QUE OS ESTIMULADORES NORMALMENTE DIZEM
Traz a energia necessária.	*Estou animado com as possibilidades!*
Mantém uma perspectiva otimista.	*Quando uma porta se fecha, outra se abre.*
Gosta de opiniões e oportunidades.	*Há varias coisas que podemos fazer.*
Normalmente, tem um ótimo instinto financeiro.	*Minha intuição está dizendo que devemos...*
Gosta de ser espontâneo.	*Nenhum plano? Sem problemas.*
Fica confortável com grandes ideias.	*Vamos sonhar um pouco?*

O CUIDADOR. Esse estilo tem tudo a ver com se dar bem e ajudar os outros a se darem bem. Os orientadores prosperam na criação de ambientes calorosos, acolhedores e receptivos. Eles costumam tomar decisões financeiras perguntando: *Como essa decisão irá ajudar ou prejudicar os outros? Todos ficarão bem, se eu fizer este ou aquele movimento?*

BENEFÍCIOS DE SER UM CUIDADOR	COISAS QUE OS CUIDADORES NORMALMENTE DIZEM
Bom em seguir o plano.	*Basta seguir o planejado.*
Avança lentamente para coisas novas.	*Não vamos nos precipitar.*
Mantém o foco em uma coisa de cada vez.	*Não se distraia.*
Enxerga o impacto prático.	*Como isso afetará essa situação?*
Ajuda a aliviar as tensões financeiras.	*Calma. Vamos trabalhar juntos.*
Prefere os sentimentos aos fatos.	*Isso parece adequado para todos?*
Paciente e disposto a esperar.	*Pense em longo prazo.*

O ANALISTA. Esse estilo adora a ordem e o método e tende a se considerar mais introvertido. Os analistas gostam de analisar as decisões financeiras de todas as formas, antes de realmente escolher um curso de ação. Eles gostam de mergulhar de cabeça, para descobrir todos os fatos antes de fazer uma jogada financeira. Os analistas tendem a pensar: *Se eu puder entender todos os detalhes e criar um plano financeiro inteiro, todas minhas dificuldades financeiras acabarão.*

BENEFÍCIOS DE SER UM ANALISTA	COISAS QUE OS ANALISTAS NORMALMENTE DIZEM
Bom para realizar tarefas.	*Qual é o próximo item da lista?*
Realista e prático.	*Como isso vai funcionar?*
Supera os desafios.	*Eu não desisto.*
Crítico.	*Não acho que vá funcionar, porque...*
Sempre tem um plano e um cronograma.	*No lugar certo, na hora certa, resultados certos.*

Lembre-se de que esses estilos não se destinam a ser caixas rígidas. Ninguém se encaixa completamente em um estilo, porque cada caixa é única. Mas, no geral, você terá um estilo dominante, como sua configuração padrão. E você pode ter dois estilos que acha que fazem parte de sua personalidade naturalmente.

ESTILOS DE SOMBRAS

Quando você identifica suas tendências naturais de seu Estilo de Dinheiro, pode entender melhor por que responde ao dinheiro da maneira como responde. Mas também é importante saber que todos os Estilos de Dinheiro têm um potencial lado negro. Eu o chamo de Estilos de Sombras.

Se você pensar em seu Estilo de Dinheiro natural como um herói, então esses Estilos de Sombras são os vilões, transformando os benefícios que podem advir de seus pontos fortes em barreiras para seu sucesso. Quando você exagera em seu estilo natural com o dinheiro, sem se preocupar com as coisas importantes da vida, seu estilo pode lançar uma sombra muito escura.

O Diretor se torna o *Ditador*. O desejo de alcançar mais — sempre mais — pode deixar um rastro de relacionamentos desfeitos, trauma mental ou estresse físico prejudicial à saúde. Muitas vezes, a sombra começa a se infiltrar lentamente, nas bordas da vida, quando a vontade de atingir metas parece superar os "sacrifícios" necessários para chegar lá.

FRAQUEZAS DE SER UM DITADOR	COISAS QUE OS DITADORES NORMALMENTE DIZEM
Não valoriza a informação.	*Ninguém perguntou o que você acha.*
Evita rotinas e detalhes úteis.	*Não posso me dar ao trabalho de verificar*
Reluta em pensar nos outros.	*Pra mim, funciona. Então acho que está bom.*
Compromete-se demais consigo e com os outros.	*Sim, podemos fazer até lá!*
Sacrifica práticas saudáveis.	*Estou muito ocupado para malhar hoje.*
Não quer esperar.	*Eu já deveria ter recebido um retorno.*
Parece descontente ou indiferente.	*É o melhor que você consegue fazer?*

O Estimulador se torna o *Excêntrico*. A necessidade de se sentir espontâneo pode deixar alguém sem um plano claro. Em vez disso, ele acaba fazendo tudo de improviso o tempo todo, dependendo de outras pessoas para socorrê-lo quando tem problemas financeiros. É claro que ele pode ser a alegria das festas, mas em excesso, esse estilo pode ser desgastante ou um fardo para os outros.

FRAQUEZAS DE SER UM EXCÊNTRICO	COISAS QUE OS EXCÊNTRICOS NORMALMENTE DIZEM
Sente a necessidade de obter aprovação.	*Tá, mas você gostou?*
Tende a ser excessivamente otimista.	*Tenho certeza de que vai funcionar, de algum jeito.*
Falta-lhe foco e organização.	*Quando eu deveria apresentar isso?*
Fica emotivo sob estresse.	*Essas coisas de dinheiro sempre me irritam!*
Precisa de ajuda quando não funciona.	*Ops! Pode me emprestar algum para pagar isso?*
Ignora regras e procedimentos.	*Achei que poderíamos dar um jeito.*
É despreparado, mas confiante demais.	*Bem, achei que tinha tudo planejado.*

O Cuidador se torna o *Capacho*. O desejo de manter todos felizes pode destruir o zelo do Cuidador, minar sua confiança e fazer com que suas amizades se deteriorem bem na sua frente. Quando exagerado, esse estilo pode significar que alguém, sem querer, permite que outras pessoas passem por cima de sua própria saúde financeira, ignorem o autocuidado e acabem se tornando amargos quando começam a sentir que sua energia de cuidar não foi aceita

FRAQUEZAS DE SER UM CAPACHO	COISAS QUE OS CAPACHOS NORMALMENTE DIZEM
Hesita em expressar seus desejos.	*Contanto que funcione para os outros...*
Parece passivo-agressivo.	*Tudo bem, acho que sim. Se é isso que você quer...*
Não tem uma visão geral.	*Contanto que eu esteja ajudando alguém...*
Não gosta de conflitos sobre dinheiro.	*Oh, eu prefiro não ter essa conversa.*
Acredita com facilidade nos outros.	*Eu não acredito que eles fariam isso comigo!*
Não gosta de mudanças.	*Sempre funcionou muito bem desse jeito.*
Costuma não agir.	*Tenho certeza de que algo surgirá.*

O Especialista se torna o *Perfeccionista*. Quando exagerado, o desejo de fazer tudo certo pode se tornar debilitante. Esse estilo tende a se fixar em detalhes financeiros e saldos bancários, acumulando mais "só para o caso de algo dar errado". Isso pode levar a simplesmente sugar toda a alegria da vida e deixar as pessoas presas ao dinheiro, mas sem nenhum senso de paz ou liberdade.

FRAQUEZAS DE SER UM PERFECCIONISTA	COISAS QUE OS PERFECCIONISTAS NORMALMENTE DIZEM
Costuma pensar no pior cenário.	*Provavelmente, isso não vai funcionar.*
Aparenta ser isolado ou reservado.	*Por que preciso compartilhar essa informação?*
Pode ser visto como inflexível.	*Por que tenho que mudar meus planos?*
Depende excessivamente das regras.	*Só me mostre a forma certa de fazer.*

Esses Estilos de Sombras podem ser desafiadores, porque parecem muito "certos" para cada um de nós quando nos dedicamos ao que somos naturalmente programados para fazer. Porém, quando ignoramos seu impacto em outros fatores importantes da vida, nos preparamos para uma vida de carência e estresse, ao invés de uma de realização e paz.

O FATOR MULTIPLICADOR

Assim que identificar seu Estilo de dinheiro, você pode entender como a segunda parte da fórmula o molda. Lembre-se de que sua História com o Dinheiro é a soma de tudo o que aconteceu que afeta como você pensa e age quando se trata de dinheiro. Isso inclui também o que você fez até agora: os pensamentos, as crenças e os roteiros relacionados ao dinheiro que você deixou viver dentro de si.

No entanto, sua história serve como uma espécie de catalisador, um fator multiplicador, que molda a forma como você expressa seu estilo, geralmente uma das três maneiras a seguir:

1. **Se alinha.** Isso acontece quando seu estilo natural fica livre para ser claramente expresso e é incentivado a crescer em todos seus benefícios. Basicamente, quando sua experiência de vida se alinha exatamente com seu estilo natural, a vida é maravilhosa. No entanto, verdade seja dita, é raro isso acontecer

por completo; pode facilmente acontecer em algumas áreas e não em outras. Por exemplo, se você teve um pai ou avô que o ensinou sobre sua relação com o dinheiro, talvez essa parte de sua história esteja mais alinhada do que outras.

2. **Se amplifica.** Isso acontece quando seu Estilo de Sombras entra em ação. As circunstâncias podem ter reforçado o valor de seus pontos fortes a ponto de você, involuntariamente, exagerar em seus benefícios de uma forma não saudável. Por exemplo, com o tempo, você deve ter aprendido que simplesmente improvisar funcionava para você. Então isso se torna sua opção, e sua relação com o dinheiro sai do rumo.

3. **Se diminui e distorce**. Isso acontece quando, por várias razões, sua história faz com que você suprima seus benefícios naturais e se concentre em barreiras. Por exemplo, talvez seus pais tenham reprimido seu desejo de seguir em frente e atingir metas. Em vez disso, o incentivaram a se concentrar no alinhamento com os outros. Ambos têm seu lugar, é claro. Mas, ao diminuir involuntariamente seu estilo, você deixa seu melhor na mesa da vida. E isso faz com que sua relação com o dinheiro pareça reprimido, pois você luta para compreendê-lo a partir de um ponto de fraqueza, ao invés de um de força.

É por isso que vale a pena ir fundo para entender a sua História com o Dinheiro — para que você possa ver como isso moldou a maneira como expressa seu Estilo de Dinheiro natural. Quando estiver ciente disso, poderá se capacitar para fazer algo a respeito, no futuro.

Katy Milkman é professora na Wharton School, da Universidade da Pensilvânia, apresentadora do podcast sobre economia comportamental *Choiceology* e autora de *How to Change: The Science of Getting from Where You Are to Where You Want to Be*. Eu sei que fazer mudanças duradouras na sua História com o Dinheiro não é fácil, por isso perguntei a Katy: "Qual é a primeira coisa que precisamos saber para mudar nosso comportamento para melhor?"

Ela me respondeu: "Tente imaginar 'quais são as suas barreiras?' e combinar as ferramentas que você criou para montar sua estratégia para ajudar com o que o está impedindo."[1]

A essa altura, você já deve ter começado a ter uma noção de quais são essas barreiras, os desafios que sua história apresenta para expressar seu estilo, por meio de uma estratégia clara de dinheiro. Para ajudá-lo a superar essas barreiras, é hora de ir a fundo em sua relação com ele, levando-o à terapia do dinheiro. Agende um horário com seu coach financeiro, frequente aulas de economia ou pesquise online para explorar recursos grátis. Essas são algumas formas de desenvolver essas "ferramentas de comparação", de que Katy fala, para criar uma abordagem eficaz para o sucesso financeiro futuro.

Eu sei que é possível mudar. O que aconteceu no passado não necessariamente determinará o que é possível no futuro. Não importa que rótulos lhe foram colocados no passado, relativos a dinheiro — irresponsável, pão-duro, ganancioso, gastador, poupador, acumulador —, você pode arrancá-los e criar uma nova Estratégia de Dinheiro que melhor se alinhe ao que você quer se tornar.

Mas a chave é: você precisa se apropriar de sua mentalidade para começar sua redefinição do dinheiro.

Você pode criar uma nova Estratégia de Dinheiro que se alinhe melhor com o que você quer ser.

ETAPA 2

Redefina Sua Mentalidade com o Dinheiro

Agora que você já sabe bastante sobre sua História com o Dinheiro, o estilo e o poder que tem para mudar sua estratégia, é hora de apertar o botão de reset do dinheiro. Primeiro, você precisa olhar para trás e começar a curar sua relação com o dinheiro e, em seguida, olhar para a frente para ver como o dinheiro se alinha com sua Missão Significativa. Ao combinar as duas perspectivas, você está pronto para redefinir sua mentalidade com o dinheiro. Esta é a Etapa 2, onde você começa a estabelecer as bases para um novo e melhor relacionamento com o dinheiro. Tenha em mente que a história de cada um é única, então sua história e seus resultados serão diferentes dos meus. Compartilho isso para inspirá-lo, informá-lo e fortalecê-lo em sua própria jornada, não para dar conselhos financeiros específicos. Dito isto, vamos começar a redefinir sua mentalidade!

CAPÍTULO 4

CURE A SUA RELAÇÃO COM O DINHEIRO

Na época em que as crianças podiam comprar doces com moedas, dois gêmeos receberam 25 centavos do pai. Enquanto desciam a rua até o comércio local, pensando no que poderiam comprar com aquelas moedinhas brilhantes, um dos garotos mantinha a sua guardada no bolso. O outro andava alegremente, jogando sua moeda para o alto e sorrindo cada vez que a pegava de volta.

Até não conseguir. Quando a moeda caiu fora de seu alcance, ele a observou, horrorizado, caindo no bueiro no canto da rua. Imediatamente, se atirou na grade, estendendo o máximo que podia o braço pela abertura estreita. Não alcançando o fundo para pegar a moeda, ele sentiu o estômago apertar e ficou agoniado com a decepção. Quando seu irmão voltou da loja mastigando seu chiclete recém-comprado, ele começou a chorar e voltou para casa de mãos vazias.

Quando chegaram, seu pai os encontrou do lado de fora, reparou que ele não estava mascando chiclete e perguntou: "Então, o que você comprou?"

Seu filho evitou olhá-lo, enquanto sentia as lágrimas escorrendo. "Papai, eu perdi a minha moeda."

"Como assim 'perdeu'?", o tom dizendo mais do que as palavras.

"Bem, eu estava jogando para o alto e...", o garoto engasgou com o resto da história.

"Nunca brinque com seu dinheiro!", explodiu seu pai. E o garoto podia sentir as lágrimas rolando pelo rosto novamente, enquanto seu pai entrava em casa, deixando-o sozinho do lado de fora.

O garoto percebeu que seu avô havia presenciado a discussão, então foi até ele, esperando receber algum conselho. O avô passou o braço pelo seu ombro e disse: "Papai está certo sobre não brincar com dinheiro. Mas existe outro jeito de encarar isso." O garoto fungou e virou o rosto para o avô, que continuou, com uma piscadela: "Nunca vá a algum lugar com apenas uma moeda para perder."

Aquele garoto era Grant Cardone, que me disse lembrar daquele dia como se fosse ontem. Ele ainda acredita que dinheiro não é algo com que devemos brincar, e se você já o ouviu falar sobre dinheiro, sabe que ele leva isso bem a sério. Mas ele também concorda com o avô — é sempre bom ter mais dinheiro do que você precisa.

Ao invés de viver com medo de perder dinheiro, ele entendeu como ter uma relação melhor com ele aprendendo a tomar cuidado. Ele me disse:

> O dinheiro é um segredo para a maioria das pessoas... Muitos não sabem quanto ganham porque querem manter segredo. Viciados em drogas não sabem o quanto usam. Os alcoólatras não sabem o quanto bebem. Eles não contabilizam nada, e a sua relação é ruim. É preciso fazer um inventário de seu dinheiro. A primeira coisa que vejo todos os dias é meu dinheiro, por isso tenho uma ótima relação com ele.

Grant poderia ter optado por deixar essa experiência com a moeda marcar sua História com o Dinheiro. Podia ter escolhido viver com medo de perder dinheiro. Mas escolheu se aprofundar e curar sua relação com ele. Você pode concordar com Grant ou não, mas não pode argumentar contra seu sucesso. Hoje ele é um investidor imobiliário com bilhões sob sua gestão, um gestor de fundo de ações e cofundador ou investidor em quase vinte empresas. E você pode fazer a mesma escolha que ele fez.

Quer saiba ou não, você tem uma relação com o dinheiro. Como vimos, essa relação foi moldada pela sua História com o Dinheiro. Aprendemos como criar esse relacionamento da mesma forma que descobrimos como interagir com outras pessoas quando criança — por meio da observação e experiência. Nosso cérebro interpreta o que reparamos em nossos pais, familiares e outros que encontramos quando interagem com o dinheiro. Se já é difícil ajeitar uma relação com uma pessoa, imagine com algo tão complicado como o dinheiro. Mas quanto mais tempo você ignorar o fato de que seu relacionamento com o dinheiro poderia ser melhorado, pior ele fica. Jay Shetty, autor de best-sellers e apresentador do podcast *On Purpose*, fala com maestria: **"Ao não se sentir à vontade para falar sobre dinheiro, você passa mais tempo obcecado com a falta dele."**

A menos que você cure seu relacionamento com o dinheiro, nada mudará para melhor. Isso porque, se você não liga para seu dinheiro, ele também não liga para você.

MINHA RELAÇÃO COM O DINHEIRO

Quando eu estava crescendo, era constantemente lembrado de que, embora tivéssemos uma casa para viver e eu estudasse em uma escola pública, o dinheiro "não nascia em árvores". E isso começou cedo, com algo com que quase todo garoto quer brincar: videogames.

Um dia, voltei para casa e pedi um Nintendo para meus pais. Eu ouvia as crianças na escola e no fliperama falar com entusiasmo sobre suas façanhas nos jogos e queria fazer parte desse grupo. Rapidamente e com clareza, meus pais responderam que não tínhamos dinheiro para esse tipo de coisa. Eles diziam a mesma coisa havia muitos anos sempre que eu pedia o brinquedo mais recente, e eu sabia que a palavra deles sobre o assunto era definitiva.

Se você não liga para seu dinheiro, ele também não liga para você.

No verão, as crianças da vizinhança lotavam o estacionamento da igreja no final da rua. Elas viravam as duas gigantescas latas de lixo reciclável e as colocavam em cada extremidade para servirem como gols para o hóquei sobre patins. A gente se dividia nos times e o jogo rolava — só que eu não tinha patins. Todo mundo patinava pra lá e pra cá, lutando pela bola com seus tacos. E lá ia eu, correndo de tênis, usando um taco surrado e emprestado para marcar gols como todos os outros. Se eu esperasse meus pais poderem comprar um par de patins, jamais jogaria.

A maior parte de minha infância foi assim. Eu parecia estar sempre à margem das coisas, porque não tínhamos dinheiro suficiente. Por exemplo, quando as crianças descoladas fundavam um clube, eu queria participar. Com 8 anos de idade, eu me imaginava um membro do clube, participando de reuniões no porão de alguém, comendo salgadinhos e jogando Nintendo. Mas eles não deixavam qualquer um entrar. Havia duas formas de ser aceito no clube: passando em um teste, ao responder corretamente uma lista de perguntas, ou pagando US$5. Como eu não tinha o dinheiro, optei pelo teste. Pergunta nº 1: *Diga o nome de alguém que já pisou na lua.* Huummm... Eu não sabia. Pergunta nº 2: *Diga o nome dos três primeiros presidentes dos Estados Unidos.* Washington e... é... Droga. Lembro-me de ficar me sentindo muito burro, mas eu tinha que tentar a única opção que restava. Voltei para casa e pedi o dinheiro à minha mãe.

Ela respondeu que não tinha os US$5, mas poderíamos vasculhar a casa, procurando embaixo das almofadas do sofá e em qualquer outro lugar onde achávamos que poderia haver uma moeda perdida. Jogamos tudo o que encontramos em uma caixa de sapatos vazia, até que finalmente consegui a quantia. Embora minha mãe tivesse encontrado uma maneira de fazer aquilo acontecer, eu senti uma profunda consciência da falta de dinheiro. Então, aconteceu algo engraçado: entreguei o dinheiro aos dois rapazes que fundaram o "clube", mas saí da primeira reunião me sentindo humilhado. Além de não ser inteligente o suficiente para entrar no clube, eu tinha que pagar para ter amigos.

Depois, percebi que a mensagem mais profunda que tirei dessa experiência não foi apenas o fato de que eu não tinha muito dinheiro, mas o de que *eu não tinha valor.*

de sete empresas e estudioso de algumas das famílias mais ricas do mundo. Todos os dias, independentemente do tipo de ferida que tenhamos em relação ao dinheiro, ainda temos que lidar com ele. Não podemos evitá-lo nem sair de seu caminho. Temos que nos conectar com ele. E, ao mesmo tempo, nosso trauma com o dinheiro define como o abordaremos, por isso acabamos trabalhando "para isso" pelo resto de nossa vida. E, ao final do dia, nosso trauma com o dinheiro pode moldar nosso senso de autoestima e autoconfiança e, se deixarmos, até mesmo nossa própria identidade.

Eu tinha apenas 10 anos quando vivi o que se revelou um trauma de dinheiro muito sério. Meu pai me deu um cofre de porquinho dos Correios dos Estados Unidos (USPS), onde eu guardava com orgulho cada moeda e nota de dólar que recebia.

Durante o verão, uma de minhas irmãs mais velhas parecia sempre ter um grupo de adolescentes para passar o tempo. Pensei em impressionar alguns deles mostrando-lhes o cofre escondido embaixo de minha cama e o dinheiro que havia guardado nele. Senti-me satisfeito, até verificar algumas horas depois que todo o dinheiro tinha sumido. Eu havia sido roubado em meu próprio quarto.

Foi aí que percebi meu erro. O cofre tinha um adesivo na parte inferior, com um código de acesso simples. Sem querer, eu havia mostrado à "gangue" exatamente como roubar meu dinheiro.

Voei escada abaixo. "Ei, o dinheiro estava no cofre quando eu mostrei a vocês — e agora ele se foi." Esperava uma confissão completa e o retorno imediato de meu dinheiro. Ao invés disso, houve um coro de "nós não pegamos", e ficou por isso mesmo.

Com essa e outras experiências e minha onda de roubos anteriores, aprendi como era tirar o dinheiro dos outros e tê-lo tirado de mim. Acabei conhecendo a profunda decepção que sentia, tanto em relação ao que eu achava dos outros quanto ao que os outros achavam de mim. Como resultado, muitas vezes, me senti extremamente culpado por meu comportamento de roubar, mesmo décadas depois, já adulto.

Muitos traumas com o dinheiro acontecem quando as pessoas e o dinheiro simplesmente não estão alinhados com um acordo para troca de valores. Por exemplo, se eu estou abusando do valor dos outros, tirando deles sem uma troca igual e consensual, estou desalinhado — emocional, espiritual e psicologicamente — nessa interação. Por outro lado, se eu estou dando dinheiro de presente, por bondade do coração, estou alinhado, porque estou compartilhando valor de boa vontade.

Quando roubava dinheiro na infância — ou qualquer outra coisa —, eu estava desalinhado. Eu não o havia ganhado e não tinha direito a ele. O fato de estar desalinhado criou um trauma emocional dentro de mim. Quanto mais eu fazia, maior era a ferida, mais forte era a história e mais difícil era quebrar esse padrão de comportamento. Quando normalizei isso, ou melhor, *justifiquei*, achei que poderia me livrar sem consequências por estar desalinhado. Roubar me fazia sentir poderoso no momento, embora fosse uma ação realmente desempoderante tirar vantagem de alguém dessa forma.

Esse sentimento de estar desalinhado pode ter a ver com pequenas coisas que você descarta como se não fossem nada, mas que, com o tempo, aumentam e se tornam feridas maiores. Com frequência e sem intenção, os pais criam essas feridas, com declarações bem-intencionadas: *Não podemos nos dar a esse luxo. Você tem noção do quanto isso custa? O dinheiro não nasce em árvores. Você sabe o quanto eu trabalhei para ter isso que você quebrou? Que desperdício!* E por aí vai. Sem querer, eles fazem com que as crianças desenvolvam uma conotação negativa em relação a todos os aspectos relacionados ao dinheiro.

Você também poderá se sentir desalinhado se acreditar que está fazendo um trabalho ou prestando um serviço, mas sem estar sendo pago o que vale. Como abordaremos nos próximos capítulos, você pode fazer algo a respeito disso usando os Hábitos do Dinheiro, mas, por enquanto, reconheça que há muitas maneiras pelas quais você provavelmente desenvolveu feridas de dinheiro sem nem mesmo perceber.

Se alguém o roubou, se aproveitou de você e de seu dinheiro ou abusou do relacionamento de uma forma que envolvia dinheiro, há um trauma associado a isso. E você contou uma história sobre isso para si mesmo. A história pode ser verdadeira, mas se você permitir que essa seja a sua história, nunca conseguirá curar seu relacionamento com o dinheiro. A ferida continuará até que você recupere seu poder e se cure dessa ferida.

Não significa que o que aconteceu foi bom, certo ou sequer ok. Mas, ao aprender como se curar, você se dá mais poder no futuro e minimiza o impacto emocional disso. Você não perderá a lembrança, por si só, mas não terá as emoções debilitantes associadas a ela.

Por que essas feridas importam, quando se trata de lidar com dinheiro tranquilamente? Porque elas têm uma energia própria. Um cientista poderia chamar de física quântica. Um religioso, de oração. Um ateu, de efeito placebo. Uma pessoa espiritualizada, de Lei da Atração. De qualquer forma, a energia ligada à ferida do dinheiro atrai energia semelhante para si. Quando você vive em um espaço energético doloroso com uma mentalidade de carência, atrai mais dor e carência. Mas quando você cura suas feridas de dinheiro e vive em um espaço de energia positiva, pode se abrir para atrair uma abundância mais positiva.

FAÇA DO DINHEIRO SEU AMIGO

Agora que estou em uma jornada para curar minha relação com o dinheiro, não sinto mais a culpa que sentia quando deixava as pessoas pagarem por mim, e também gosto de pagar para as pessoas. Não faço mais isso por vergonha ou culpa, mas por um sentimento de abundância. Sinto-me grato pelo valor que estou criando na vida e quero dar presentes para amigos e familiares.

Mas se alguém bloqueia um presente que outro quer lhe dar, está bloqueando uma troca de energia. Se recusa o presente, é como se estivesse roubando a pessoa de, efetivamente, dar o presente. Por outro lado, se não diz nada ou não agradece, isso também bloqueia a energia da doação, demonstrando uma falta de apreciação pelo valor que eu ou qualquer outro traz para o relacionamento.

Acho até que, quando você recebe dinheiro, é boa prática agradecer. Está certo, diga: *Obrigado, dinheiro, por vir até mim. E obrigado à pessoa que o deu para mim.* Ao fazê-lo, você criará mais fluxo de energia para receber mais. Do mesmo modo, quando você tem a possibilidade de dar dinheiro a alguém, deve dizer: *Sou muito grato por ter esse dinheiro vindo até mim para que eu possa doar mais.*

A energia conectada com as feridas do dinheiro atrai energia similar para si.

Ken Honda, autor best-seller internacional de *Dinheiro Feliz: A Arte Japonesa de Fazer as Pazes com o Seu Dinheiro*, sugere o seguinte:

> Quando receber dinheiro, diga *arigato*, ou "obrigado", para ele. E quando você paga, quando o dinheiro sai da sua vida, diga *arigato* novamente para ele. Sério, agradeça ao dinheiro por estar com você. Mesmo que seja apenas uma visitinha, agradeça-o pela companhia. Ele irá gostar.
>
> Então, no final do dia, o dinheiro começará a dizer, "o Ken é um bom lugar para ficar". E ele voltará.

Esteja aberto para se sentir bem com a energia que flui em ambas as direções. Se a estiver bloqueando, estará dizendo *eu não posso fazer isso*, e assim impedirá que essas oportunidades fluam em sua direção. Mas se você se sentir emocionalmente bem com isso, se reconectará e criará mais situações desse tipo.

De acordo com Ken Honda, o remédio para curar sua relação com o dinheiro é fazer amizade com ele:

> A minha pergunta favorita às pessoas é: se o dinheiro fosse uma pessoa, como ele seria? Seria divertido, sempre fazendo piada e o entretendo? Ou alguém como um assassino, que tentará machucá-lo ou assustá-lo? Ou como um gângster, que tentará intimidá-lo?
>
> Se você reclamar, talvez o dinheiro não seja uma pessoa tão boa e divertida. Ao reclamar, você faz com que ele seja o vilão e não irá querer assustar as pessoas que vivem com você.
>
> Veja da perspectiva do dinheiro. Se você estiver reclamando dele, o sentimento será mútuo. Se você reclama dele, ele dirá: "Não. Eu não vou até você."

Isso significa analisar honestamente como você se sente em relação ao dinheiro e assumir o compromisso de mudar sua perspectiva para que possa mudar suas emoções. Somente assim você poderá cultivar o fluxo de energia correto entre você e o dinheiro. Se você não o quiser por perto, por que ele iria até você? Mas se você torná-lo seu amigo, ele se sentirá bem-vindo. Eu adoro essa perspectiva de Ken, porque isso realmente nos tira de nosso ego e nos ajuda a ver as coisas de uma perspectiva mais ampla. Quando percebemos que temos uma relação recíproca com o dinheiro, podemos entender melhor por que temos problema com ele.

O nosso relacionamento com o dinheiro é uma conexão íntima e emocionalmente intensa. Mesmo que envolva números, não é um relacionamento tipicamente analítico. Nossas feridas com o dinheiro são, com frequência, anexadas às memórias e histórias que contamos a respeito dessas memórias. Há uma energia armazenada em cada uma delas. Na maioria das vezes, simplesmente não podemos voltar, desfazer ou refazer nossos passos. Mas Joe Dispenza diz que não precisamos necessariamente curar a ferida. O que devemos fazer é curar a memória da ferida encontrando uma nova forma de recontar a história a ela associada.

Devo observar que esses momentos de nosso passado podem nos traumatizar de maneiras leves ou intensas, mas também podem nos motivar a ficarmos maiores — a agir, desenvolver valor, aprender novas habilidades, ficar desconfortáveis e superar nossos erros. Em outras palavras, não somos vítimas indefesas de nossas histórias.

Por exemplo, quando meu pai ficou internado por conta do acidente de carro, eu já não contava mais com seu suporte financeiro. Foi traumático, com certeza, mas também me levou a assumir o controle de meu próprio futuro financeiro. De alguma forma, no quinto ano, quando eu era o último a ser escolhido no jogo de queimada, o fato me forçou a melhorar nos esportes para não ser mais a última escolha. Essa motivação acabou me levando ao futebol profissional e à seleção norte-americana de handebol. Não são nossas feridas que importam, mas como interpretamos essa memória e como reagimos a ela.

A nossa meta para curar essas feridas é não sermos movidos pela raiva, pelo ressentimento ou pela vergonha, mas pelo desejo de aprender a aceitar e perdoar a nós mesmos por onde estamos e pelas coisas que não sabíamos. Então, podemos construir a partir de um lugar onde buscamos a nossa Missão Significativa, não de um em que tentamos provar algo para o resto do mundo, mas servindo aos outros enquanto nos esforçamos para sermos os melhores em nossas atividades na vida.

O nosso relacionamento com o dinheiro é uma conexão íntima e emocionalmente intensa.

FAÇA TERAPIA DE DINHEIRO

Criar uma relação saudável com o dinheiro é como uma dança. Você tem que aprender como se conectar com seu coração, mas não se deixar levar pela emoção. Não pode permitir que o dinheiro passe por cima de você, o cegue ou tire os limites de sua saúde em troca de acesso a ele.

Você precisa ser capaz de fazer perguntas difíceis e manter-se alinhado com seus valores pessoais. É preciso saber quando se aprofundar e fazer a devida diligência antes de investir em algo que tem o potencial de lhe dar um grande retorno.

É por isso que sugiro que você faça terapia de dinheiro. É importante entender que a personalidade que você atribui ao dinheiro vem de si mesmo. Não é uma pessoa única em si mesmo; ela reflete o que você projeta nela. **Mude a forma como você vê e se sente sobre o dinheiro e você mudará a forma como ele interage com você.**

Consequentemente, você precisa abrir o espaço para refletir sobre como você vê e se sente com relação ao dinheiro. Pode haver coisas das quais você se envergonha, que o deixam constrangido ou sobre as quais tem medo de falar. O primeiro passo é simplesmente trazê-las à luz. Isso o ajudará a encontrar padrões de comportamento baseados em gatilhos e conscientizar e esclarecer por que você faz o que faz com seu dinheiro.

Vamos começar sua jornada de cura:

1. **Identifique seus gatilhos de dinheiro.** Um amigo meu se lembra de quando seus pais lhe disseram que não tinham dinheiro para comprar amaciante de roupas e, por isso, ele presumiu que as pessoas que podiam comprá-lo eram ricas. Mesmo depois de adulto, o cheiro dos lençóis secando o lembra de sua perspectiva limitadora de que o dinheiro simplesmente não estava disponível para pessoas como ele. É uma história de falta, não de abundância.

   O seu gatilho pode ter uma natureza menos tátil e mais emocional. Por exemplo, se você não tem dinheiro o suficiente para pagar uma conta que está para vencer, podem surgir emoções decorrentes de discussões que seus pais tinham sobre o pagamento de contas quando você era criança. Como resultado, você faz compras para se sentir melhor ou faz investimentos movidos pelo pânico para tentar pagar a conta.

Pense nos gatilhos emocionais que você tem com o dinheiro. Que histórias estão associadas a eles?

2. **Escreva-as.** Escrever em um diário é uma ótima maneira de expressar seus pensamentos e sentimentos de uma forma que você pode observá-los melhor. Tente manter esse diário por uma semana ou duas e anote cada vez que tiver uma reação emocional a algo envolvendo dinheiro.

   Enquanto escreve, você pode se surpreender com as ideias e motivos que surgem para explicar por que você faz o que faz com o dinheiro. Não julgue o que você escreve; apenas escreva e veja o que surge.

3. **Converse com uma pessoa de confiança.** Acredite em mim, guardar as coisas não ajuda em nada no longo prazo. Falar em voz alta ajuda a processar as informações. Abrir o jogo (seja com um terapeuta ou coach, conselheiro espiritual ou até mesmo falando com um amigo de confiança) pode libertá-lo emocionalmente. Essa libertação lhe dará a paz que você merece.

   No entanto, sugiro que você seja consciente ao escolher a pessoa e certifique-se de que ela tenha uma relação positiva com o dinheiro. Caso contrário, você pode estar se expondo a informações negativas do relacionamento ruim que elas têm com ele.

4. **Perdoe a si mesmo e aos outros.** Há lugar para o perdão em qualquer tipo de terapia. Quaisquer que tenham sido os erros cometidos com o dinheiro no passado, você deve aprender com eles e deixá-los seguir. Uma grande parte de se perdoar na terapia do dinheiro envolve deixar de lado os sentimentos de culpa e vergonha que você manteve por muito tempo.

Você pode se perdoar pelas vezes que gastou de uma forma que não estava alinhada com seu eu superior. Por aqueles momentos em que você reprimiu seu Estilo de Dinheiro natural e foi contra o que lhe parecia certo. Por aqueles momentos em que você não se importou com seu dinheiro e ficou desapontado quando ele não se importou com você. Naquela época, você não tinha as ferramentas emocionais para se sentir seguro, então fazia as coisas com base na ansiedade, no estresse e no modo de sobrevivência. Agora, ao fazer a jornada para se curar, você também estará curando seu relacionamento com o dinheiro. Continue para poder subir de nível.

Se eu não tivesse aprendido a me perdoar e encontrado formas de integrar as lições de cura que aprendi, teria mantido minha reação emocional, porque a ferida ainda estaria lá. Até curarmos essas feridas e começarmos a integrar a jornada de cura, continuaremos a sentir como se estivéssemos no modo de luta ou fuga emocional com relação ao dinheiro.

5. **Pratique a superação de seus gatilhos.** Quando você libera as emoções negativas associadas com sua História com o Dinheiro, se abre para que mais ações positivas fluam de você. Após identificar as coisas que acionam certas emoções com relação ao dinheiro, você perceberá quando começar a reagir da forma antiga e fará uma escolha diferente. Depois, é só praticar suas novas respostas a esses gatilhos.

   Por exemplo, talvez no passado, quando seu cônjuge disse algo que você interpretou como uma insinuação de que você não estava tomando decisões financeiras sensatas, você se lembrou de seu pai ou outra pessoa importante repreendendo-o por suas falhas financeiras. Ao invés de reagir ao seu cônjuge a partir desse ponto de mágoa e arrependimento, você pode reconhecer o gatilho, ver a situação por meio de seu relacionamento com o dinheiro, retirar as emoções da conversa e responder de forma saudável, fazendo perguntas para saber mais.

6. **Crie limites saudáveis.** É provável que você precise ter algumas conversas corajosas com as pessoas de quem gosta e estabelecer limites saudáveis. Por exemplo, houve momentos em que dei dinheiro para pessoas para um determinado fim e descobri que ele foi usado de uma maneira diferente daquela que havíamos combinado. Por mais difícil que fosse, eu tinha que falar, para que soubessem que eu não gostava de um comportamento como aquele. Não estávamos mais em um alinhamento emocional. Tivemos que começar de novo e criar um novo acordo, para tentar reconstruir a confiança.

   Nesses tipos de conversa, temos que deixar claro o que queremos, a energia que desejamos sentir e o tipo de paz almejamos como resultado. Em qualquer relação há trocas de valor, incluindo aquelas que não são explícitas sobre dinheiro. Lembre-se de que os limites não foram criados para restringi-lo; em vez disso, os limites corretos existem para que você se sinta seguro e se liberte.

   Se motive para crescer. Eu gosto de jogos, então sempre busco pequenas formas de criar um jogo da situação quando preciso me motivar para superar algo. Talvez quando você perceber que está fazendo um movimento inteligente com o dinheiro de um lugar curado, se presenteie com algo que seja significativo para si.

   Não precisa ser algo que custe dinheiro, ou sequer *uma coisa*. Pode ser apenas dizer a si mesmo, em voz alta, que você fez um bom trabalho. Pode ser o presente do tempo em um banho relaxante. Pode ser até algo relativo à natureza, como tomar café com alguém ou visitar um spa juntos. O segredo é estabelecer pequenas maneiras de se recompensar e se motivar a lidar com o dinheiro de forma diferente.

Você não pode somente curar sua relação com o dinheiro e deixar o resto como está. Quando eu me libertei da dor de minhas velhas feridas e fiquei livre energeticamente, finalmente pude me concentrar nas coisas que realmente importavam. Quando algo que costumava ser um gatilho aparecia de novo em minha vida, eu era capaz de perceber e reagir de forma diferente. Consegui dizer não às coisas, criar limites e romper barreiras. Eliminei reuniões que não queria fazer porque não me sentia mais obrigado a agradar às pessoas.

Tudo o que estava ligado aos meus pensamentos de que *não sinto que sou o suficiente, então deixe-me fazer as coisas para os outros e evitar incomodar ou perturbar as pessoas* começou a desaparecer. Escolhi me concentrar em minha missão, minha saúde e meus relacionamentos para poder aparecer com clareza e intencionalidade.

Em seu popular livro *Apegados*, Amir Levine e Rachel S. F. Heller exploram os três tipos primários de estilos de relacionamento. Dois são negativos: o evasivo e o ansioso. O outro é positivo: o seguro

Se colocarmos esses estilos de relacionamento em cima de nossa História e nosso Estilo, poderemos entender melhor nosso relacionamento com o dinheiro. Alguém com uma abordagem evasiva tende a desvalorizar o dinheiro e a tratá-lo como algo de que se deve afastar. Mesmo que a pessoa realmente o queira, inconscientemente faz tudo o que pode para garantir que o dinheiro não venha em sua direção. Alguém com uma abordagem ansiosa tende a tratar o dinheiro de forma oposta: essa pessoa se angustia e se preocupa com isso, se apega a cada centavo e, em geral, leva uma vida frustrada em relação a isso. Busca algo que o dinheiro nunca pode dar realmente: a afirmação de seu próprio valor.

Quem tem uma relação saudável com o dinheiro tem uma relação segura consigo mesmo. É seguro de uma forma que não evita nem fica ansioso com ele. Projeta confiança no universo ao redor do dinheiro e, como resultado, o dinheiro tende a vir para ele com mais facilidade.

Foi somente quando fiz o trabalho de me curar e me tornar mais seguro que pude curar minha relação com o dinheiro. E foi quando eu realmente comecei a entender o papel que o dinheiro desempenhava para preencher minha Missão Significativa.

Ao aprender a entender e curar seus traumas e gatilhos, você se dará permissão para seguir adiante de uma forma mais poderosa, caminhando em integridade e alinhamento com seus acordos e ganhando dinheiro com o propósito de cumprir sua Missão Significativa.

SUA ESTRATÉGIA

Exercício 1: Aja de Acordo com a sua Convicção

"É mais inteligente se comportar de uma nova forma de pensar do que pensar em uma nova forma de se comportar."

— Robin Sharma

Se você quer curar sua relação com o dinheiro, precisa mudar suas convicções. Mas, muitas vezes, é mais fácil falar do que fazer. Uma maneira contraintuitiva de fazer isso é, primeiro, mudar seu agir e, então, ver como as novas convicções se encaixam nessas ações.

Para colocar isso em prática, crie um gráfico que explore suas ações curativas e prejudiciais e seus pensamentos positivos e negativos. Escreva no canto inferior esquerdo quaisquer pensamentos negativos que você tenha sobre dinheiro. Estes são os pensamentos que você quer eliminar. No canto inferior direito, identifique as ações prejudiciais que esses pensamentos causaram.

No canto superior esquerdo, escreva quaisquer ações curativas que você quer tomar sobre o dinheiro. No canto superior direito, escreva o pensamento positivo correspondente a essa ação. Ao começar a reconhecer a relação entre seus pensamentos e ações, você pode procurar maneiras de tomar mais ações de cura do que as prejudiciais e ter mais pensamentos positivos do que negativos. Esta é uma forma poderosa de começar a se curar.

Ações Curativas ⟷	Pensamentos Positivos
• Seja Generoso.	• Eu Sou Abundante.

Pensamentos Negativos ⟷	Ações Prejudiciais
• Nunca É o Suficiente.	• Vou Acumular o que Tenho.

Exercício 2: Liberte-se e Suba de Nível

Curar qualquer relação requer saber quando se libertar e ter a coragem de fazê-lo. Do outro lado, estarão a leveza e a liberdade que você não tinha. Para subir de nível, você precisa aprender a se libertar.

Esse exercício é ambicioso. Requer algumas reflexões honestas e autoconsciência. Encontre um lugar tranquilo para se sentar. Afaste as distrações. Depois de se concentrar, imagine os pensamentos, as crenças e os sentimentos inúteis que você tem em relação ao dinheiro. Identifique esses pensamentos, crenças e sentimentos. Nomeie-os. Essa é a âncora que puxa para baixo. Então, se liberte dela. Ao fazê-lo, visualize-se mais leve. Onde essa nova leveza permitirá que você suba de nível? Tenha aspirações, realize grandes sonhos, concretize a sua visão.

Como etapa final, escreva. Como você está se sentindo agora? Escreva no tempo presente, para que pareça algo que você possa começar a pensar/crer/sentir amanhã. Carregue essa leveza consigo enquanto cura seu relacionamento com o dinheiro. Esse é um passo crucial para o próximo capítulo e para ver como dinheiro se liga à sua Missão Significativa.

Exercício 3: Encontre um Mentor Financeiro

Quem tem uma relação saudável com o dinheiro? É útil aprender com pessoas que estão vários passos à sua frente em sua jornada. Pense sobre quem você conhece que tem uma boa relação com o dinheiro e cuja História com o Dinheiro você admira.

Então o procure. Marque um almoço ou um café, o entreviste, obtenha uma nova perspectiva. Pegue emprestada a sua crença. Ao finalizar, anote o que aprendeu com ele e deixe-o saber como aquilo impactou o seu modo de pensar. Se fizer sentido (e se a pessoa estiver disposta e for capaz), marque um horário regular para se encontrarem e discutirem a evolução do seu relacionamento com o dinheiro. Conforme ganhar mais dinheiro, será importante ter mentores financeiros, que o guiarão durante as diferentes oportunidades e desafios que o dinheiro pode trazer.

CAPÍTULO 5

O DINHEIRO E A SUA MISSÃO SIGNIFICATIVA

O que o assusta em relação a ganhar mais dinheiro? Muitos com quem conversei têm medo de quem se tornarão, se ficarem ricos. Qual foi a última vez que você assistiu a um programa em que a pessoa mais rica também era a mais generosa? Provavelmente, não nos últimos tempos. Em vez disso, as pessoas com dinheiro são frequentemente retratadas como indiferentes, insensíveis e, muitas vezes, totalmente ruins.

Mas lembre-se: o dinheiro não decide quem você é; ele apenas revela mais de quem você já é. É por isso que a literatura especializada, através dos tempos, enfatiza que o dinheiro em si não é ruim, mas que as coisas dão errado quando se ama o dinheiro excluindo as outras coisas. Em outras palavras, quando nosso relacionamento com o dinheiro não é bom, ele atrapalha nossa busca por uma vida mais rica.

O dinheiro é meramente uma ferramenta, uma forma de armazenar valor. Também é um catalisador, uma força amplificadora ou multiplicadora— especialmente com relação à sua capacidade de fazer grandes coisas boas no mundo. Ironicamente, qualquer problema de relação com o dinheiro tende a vir à tona quando você tenta fazer algo significativo com ele.

Por exemplo, imagine que você tem uma paixão por ajudar as pessoas a ficarem bem fisicamente, para terem uma vida mais saudável e longeva. Se sua atitude em seu relacionamento com o dinheiro for a de evitá-lo, poderá ter dificuldades para cobrar o suficiente pelos seus serviços. Com isso, você não conseguirá pagar suas contas e precisará arrumar outro emprego fixo, de que não gosta. Por outro lado, uma abordagem mais ansiosa o fará cair em padrões de estilo de vida pouco saudáveis, preocupando-se e afligindo-se com conseguir pagar as contas. Com isso, o seu negócio sofre com você, o obrigando a voltar a um trabalho que não se alinha com a sua missão. São diferentes motivos de relacionamento, mas com o mesmo resultado. Mas, se você está seguro na sua relação com o dinheiro, será fácil conectá-lo com o que mais lhe importa — a sua Missão Significativa.

Em meu livro *O Mindset de Grandeza*, descrevo com mais profundidade esse conceito de encontrar sua Missão Significativa. Ele estabelece uma base sólida sobre quem você precisa se tornar para ter um relacionamento intenso com seu dinheiro — e com tudo o mais também. Para que uma missão seja *significativa*, primeiro ela precisa ser pessoal. Você deve se identificar com ela. Não pode ser uma missão que outra pessoa queira que você cumpra. Não pode ser imposta, contra a sua vontade. Deve ser um envolvimento intencional, vindo de uma direção que é relevante para você.

E isso é fundamental, afinal, ninguém mais pode escolher sua Missão Significativa para você. Bob Goff, autor do best-seller *O Amor Faz*, diz o seguinte: "Eu costumava ter medo de fracassar em algo que realmente importava para mim, mas agora tenho mais medo de ter sucesso em coisas que não importam." O famoso ator Jim Carrey costuma dizer que "você pode fracassar naquilo que não quer, então é melhor se arriscar fazendo o que ama." Quando o que você faz é realmente importante para si, você tende a viver a vida sem arrependimentos.

A sua Missão Significativa se refere a algo mais relevante em sua vida. Ela recorre às partes mais profundas de sua alma e o leva a tentar algo maior do que você mesmo. Tal qual uma busca heroica, essa missão tem um foco ou propósito singular, bem como um chamado que o obriga a superar a resistência para concluí-la. Muitas vezes, ela transforma as pessoas que fazem parte dela em algo melhor. E isso sempre implica que o destino é maior ou mais grandioso do que qualquer outro que você tenha alcançado anteriormente. Afinal, se é algo que você já fez e pode facilmente fazer de novo, não é uma grande missão.

Enquanto escrevo este livro, minha Missão Significativa permanece inalterada desde quando escrevi *O Mindset de Grandeza*:

> Ajudar 100 milhões de pessoas todas as semanas a melhorar a própria qualidade de vida e a superar os obstáculos que as cerceiam.

O que, você deve estar se perguntando, *a minha Missão Significativa tem a ver com o que faço com o dinheiro?* Muitas coisas. O motivo: o dinheiro multiplica sua capacidade de cumprir sua missão. Em termos simples, se eu não tivesse dinheiro, teria muita dificuldade para alcançar uma pessoa, o que dirá 100 milhões. Custou caro criar um programa incrível, contratar uma equipe e compartilhar uma mídia atraente com pessoas de todo o mundo. Para ampliar a minha mensagem de esperança, crescimento e inspiração, preciso de dinheiro para obter os recursos necessários para fazer acontecer. Quanto mais dinheiro eu ganhar e mais clara for a minha missão, mais pessoas poderei ajudar.

E o mesmo é verdade para você: o dinheiro pode tornar possível a sua Missão Significativa.

O PÊNDULO DA PRIORIDADE

Há duas maneiras de fazer isso. Você pode começar fazendo dinheiro e, então, encontrar sua missão; ou você pode começar encontrando sua missão e, então, monetizá-la

Já vi as duas darem certo. Por exemplo, o bilionário Mark Cuban declarou publicamente que é tolice seguir a sua paixão para tentar ficar rico. Ele sugere que você siga o dinheiro primeiro e, então, o use para o bem, de acordo com sua missão.

Sei que funcionou para mim nos primeiros anos, quando eu só precisava ganhar mais dinheiro enquanto descobria minha missão. O problema foi que eu não tinha curado minha relação com o dinheiro nem comigo mesmo. Rememorando, sei que se minha missão fosse mais clara e eu tivesse devotado mais tempo e energia para curar minha relação em todas as frentes, poderia ter acelerado a curva de crescimento e ganhado mais dinheiro com mais facilidade.

O dinheiro pode tornar possível a sua Missão Significativa.

O foco em "dinheiro primeiro" pode nos impedir de viver nossa vida mais autêntica. Quando fazemos aquilo que não nos satisfaz, tendemos a nos esvaziar rapidamente. Não significa que isso tem que acontecer, mas pode ser um problema viver uma vida não autêntica.

Outro possível perigo de se concentrar apenas em ganhar dinheiro é que, se você não tiver curado seu relacionamento com ele, poderá facilmente perder a rota. Se as escolhas que movem sua missão forem alimentadas apenas pelo desejo de ganhar mais dinheiro, será difícil sustentar sua motivação para persegui-la. Ou você pode fazer concessões aos seus valores pessoais para ganhar mais dinheiro, e talvez nunca sinta que está ganhando o suficiente. Além disso, a sua História com o Dinheiro pode ampliar ou suprimir de forma prejudicial seu Estilo de Dinheiro natural, levando-o a tomar decisões erradas e a ter uma qualidade de vida ainda pior. Acrescente a isso qualquer tendência a relacionamentos evasivos ou ansiosos que você tenha e poderá ter sérios desafios pela frente.

Do outro lado do que eu chamo de Pêndulo da Prioridade, está a abordagem que sugere focar somente sua paixão e o dinheiro virá, inevitavelmente. Tenho que admitir que essa perspectiva me agrada, realmente. Hoje sou tão motivado pelo que me encanta que é para lá que meu coração realmente vai. No entanto, acho que isso nem sempre funciona bem no mundo real. Todos vimos artistas famintos que fazem o que amam, mas ninguém os conhece. O quão seria melhor o mundo se eles tivessem dinheiro para divulgar seus trabalhos? Ou o que dizer de um aspirante a empresário que tem uma ideia que realmente poderia tornar o mundo um lugar melhor, mas não tem recursos para concretizá-la? Ou um ativista tentando resolver uma injustiça no mundo sem nenhum doador para apoiar a causa?

Paixão, somente, não é suficiente. Muito menos perseguir o dinheiro. O elo perdido aqui é a habilidade que você ainda não tem, mas que é absolutamente necessária, se quiser monetizar sua Missão Significativa. Talvez o artista faminto tenha medo de se promover porque estaria "se vendendo." Na verdade, ele só precisa aprender habilidades de marketing, vendas, networking e colaboração para transmitir a sua mensagem aos outros. Da mesma forma, um carpinteiro habilidoso, que tem paixão por construir coisas em sua garagem, precisa aprender sobre vendas e marketing para que seu trabalho com madeira renda dinheiro.

Não me leve a mal, eu acho que a paixão é um bom pontapé inicial.

Se eu tivesse que fazer tudo de novo, começaria com minha Missão Significativa e, então, buscaria o dinheiro de uma forma que se alinhasse com ela — e isso é fundamental — *da melhor forma possível, naquela época da vida*. Sei que, para mim, quando comecei a ter clareza absoluta sobre a minha Missão Significativa, essa missão abriu caminho e o dinheiro a seguiu. Mas tive de desenvolver as habilidades de que precisava ao longo do caminho e as disciplinas para implementar os Hábitos de Dinheiro, para monetizar a missão de forma eficaz.

Pergunte a si mesmo: *se dinheiro não fosse mais problema, o que eu faria? O que me tiraria da cama todos os dias?* Não deixe que o *"como"* o impeça de se concentrar e buscar o *"porquê"*. Quando alcançá-lo, então poderá buscar a zona intermediária no Pêndulo da Prioridade.

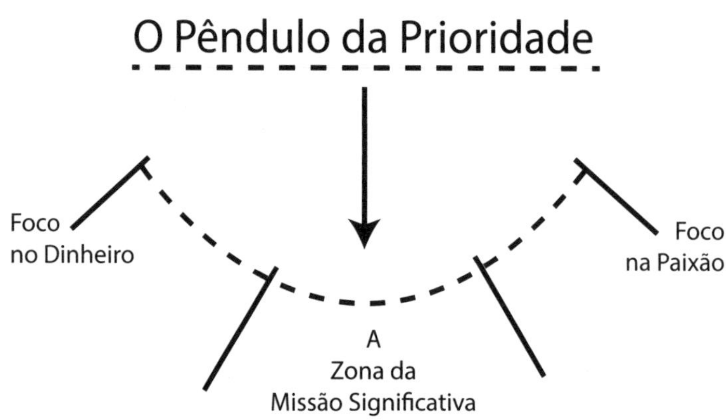

Não deixe que o "*como*" o impeça de se concentrar e buscar o "porquê".

Foco no Dinheiro

- Espera chegar à paixão depois.
- Concentra-se primeiro em ganhar dinheiro.

Foco na Paixão

- Segue o que ama fazer.
- Acredita que o dinheiro virá em seguida.

A Zona da Missão Significativa

- Orientada pela missão.
- Adapta-se ao momento de sua vida.
- Busca alinhamento entre o dinheiro e a missão.
- Aprende as habilidades necessárias para triunfar.
- Supera o medo de monetizar a missão.

A maioria das pessoas terá mais sucesso nesse ponto intermediário, em que a paixão, o dinheiro e a realidade se encontram. Provavelmente, haverá momentos na vida em que você fará coisas de que realmente não gosta apenas para ganhar dinheiro até poder fazer a transição para algo de que goste e que se alinhe com a sua missão, e está tudo bem. Em vez de se prejudicar nesse momento, dê a si a liberdade de ganhar dinheiro dessa forma. Mas não perca de vista a sua missão. O objetivo é estar sempre se movendo na direção de um maior alinhamento entre o dinheiro e a sua missão significativa

ALINHANDO COM O SEU PORQUÊ

Por que você quer ganhar dinheiro? É para que você possa, finalmente, perseguir as suas paixões? É para financiar sua paixão neste momento? Sua motivação está alinhada com sua Missão Significativa ou é mais sobre ego e se preocupar com o que os outros pensam sobre você?

Por outro lado, talvez você não queira mesmo ganhar mais dinheiro. Se não acredita, consciente ou inconscientemente, que não é satisfatório — não é bom, inteligente, talentoso, digno o suficiente —, posso garantir que sempre tomará decisões que não se alinham com a versão mais elevada de si. Você pode até realizar grandes feitos e gerar resultados incríveis, mas se não aprender o processo de superar a dúvida por meio da cura, sempre sentirá estresse ou dor no coração. Você continuará a sentir que algo está errado. A vida pode ser boa, mas não ótima. Você estará preso, e o caminho de volta é longo. Eu sei, eu já tive que percorrê-lo.

Já achei que meu propósito de vida era jogar futebol e ser pago pelo que amava. Consegui fazer apenas US$250 por semana jogando na Arena Football League. O time pagava meu apartamento, mas tive de sobreviver de vales-refeição. Mesmo que estivesse pobre financeiramente, me sentia rico, porque estava vivendo meu sonho. Eu ia de carona para os treinos e jogos com colegas de equipe que tinham carro. Era ótimo receber um pagamento por algo que foi minha meta durante tanto tempo. Senti que estava vivendo a minha vida *"em missão"*, e a meta era continuar melhorando, para poder ganhar mais

Quando o capítulo do futebol se encerrou em minha vida, me tornei um conector de ideias, pessoas e soluções, por meio de eventos ao vivo e no LinkedIn, aprendendo sobre a plataforma na base da tentativa e erro. Investi tempo descobrindo, testando e experimentando coisas para construir uma audiência. Então percebi que podia ganhar dinheiro ao compartilhar o que havia aprendido. Não tinha certeza de que aquilo era minha Missão Significativa, mas me apoiei na clareza e no conjunto de habilidades que tinha para encontrar uma nova maneira de pagar as contas. Decidi ver até onde ia com aquilo, então comecei a prestar consultorias individuais, que se tornaram eventos ao vivo, um livro e até cursos online.

Ajudar os outros com o LinkedIn foi uma época que me trouxe dinheiro para sair do sofá de minha irmã. Mas, embora tivesse criado uma vida de serviço aos outros e gostasse do que estava fazendo, esse não era meu sonho final. Uma missão muito maior me aguardava fora dali. Depois de ganhar dinheiro suficiente com meu trabalho de marketing, comecei o programa *The School of Greatness* e logo me vi no ponto ideal da zona da Missão Significativa.

Você pode estar em um momento em que precisa de dinheiro para retomar o rumo e não deve se sentir mal ou envergonhado por isso. Se você curar sua relação com o dinheiro, viver a partir de um lugar de missão e agir de acordo com os Hábitos de Dinheiro que compartilharei, estará mais bem equipado para monetizar sua Missão Significativa.

MONETIZE A SUA MISSÃO

Tudo bem ganhar dinheiro para perseguir sua missão. Sei que para algumas pessoas esta declaração pode parecer errada. Talvez você esteja pensando, *eu não me importo com o dinheiro, Lewis. Eu só quero ajudar os outros.* Só que mais dinheiro lhe dá mais recursos para ajudar mais pessoas.

Jay Shetty é autor de *Pense como um Monge*, best-seller do *New York Times*, e eu adoro encontrar com ele regularmente e discutir questões profundas. Decidimos gravar um episódio de meu programa no qual eu fiz esta pergunta estranha: *Você pode ganhar dinheiro e ser um ser espiritual ao mesmo tempo?* Jay e eu crescemos em diferentes partes do mundo, mas não levou muito tempo para percebermos que compartilhamos crenças similares sobre esta pergunta. Eu também conhecia muitas pessoas que cresceram acreditando que você pode ser como a Madre Teresa ou como algum tipo de criminoso ávido por dinheiro, que é a raiz de todo o mal.

Onde Jay cresceu, as pessoas acreditam que, se alguém tem dinheiro, deve ter "feito algo duvidoso ou ruim para chegar lá". Depois de viver como monge na Índia durante muito tempo, aos 20 anos, Jay começou a postar vídeos ensinando as pessoas o que ele aprendeu com aquela vida. Sua missão era compartilhar a sabedoria que adquiriu com suas experiências e observações para ajudar as pessoas a pensarem diferente sobre a vida.

Naquele momento, ele não tinha certeza de que ganhar dinheiro era algo que poderia fazer. Ele se perguntou se podia viver como uma pessoa espiritualizada e ganhar dinheiro ao mesmo tempo. Embora seus vídeos tivessem centenas de milhões de visualizações, Jay passava por dificuldades financeiras. Quando estava a quatro meses de perder seu apartamento, ele percebeu que a situação estava afetando negativamente o impacto de longo prazo que poderia ter no mundo de forma sustentável. Ele desafiou suas crenças para ganhar mais dinheiro *e* servir em um nível mais elevado e, ao mesmo tempo, investir nas próprias necessidades — um lugar confortável para dormir, uma nutrição melhor e se dar a chance de contratar uma equipe maior para poder ampliar sua mensagem e levá-la para mais pessoas.

Está tudo bem ganhar dinheiro para perseguir sua missão.

Jay fez algumas perguntas poderosas, inspiradas em sua própria luta contra o desequilíbrio entre dinheiro e espiritualidade:

> Se dissermos que as pessoas espiritualizadas não podem ser ricas, isso significa que elas devem ser pobres, o que nos leva à conclusão de que os ricos não são espiritualizados. É nesse mundo que queremos viver?
>
> Queremos viver em um mundo onde as pessoas mais ricas ou as que têm mais recursos são pessoas que não têm intenções espirituais? Eu preferiria crescer em um mundo onde as pessoas mais influentes tivessem uma intenção espiritual profunda.[1]

Para mim, a espiritualidade tem a ver com harmonia e paz interior. E se você está com dificuldades financeiras, se sentindo preso ou com dívidas, há uma boa chance de não estar vivendo a paz interior. É exatamente o contrário. Na verdade, talvez sua falta de dinheiro o esteja afastando de alcançar um progresso espiritual.

É verdade que as pessoas usam o dinheiro de forma egoísta. Mas e se pudéssemos desafiar a narrativa predominante e usá-lo para tornar o mundo um lugar melhor? Veja o exemplo de Oprah Winfrey. Os discursos em seu show mudaram o pensar de milhões de pessoas. E você provavelmente conhece pessoas ricas em sua própria comunidade que criaram bolsas de estudo, financiaram organizações que mudaram o mundo ou tornaram sua cidade um lugar melhor para se viver. Essas pessoas não têm somente grandes corações; elas também têm grandes contas bancárias para acompanhá-las.

Eu entendo por que você deve estar pensando que o dinheiro não deveria ser seu único foco, e concordo. Mas o dinheiro pode multiplicar sua capacidade de concretizar sua Missão Significativa. Você pode fazer o que ama e potencialmente ganhar dinheiro ao mesmo tempo. Quando você entende sua Missão Significativa, não há nada de errado em visar ganhar dinheiro para custeá-la. É possível buscar seu maior impacto em uma carreira bem remunerada ou criando um negócio lucrativo que se alinhe à sua Missão Significativa.

PENSE UM POUQUINHO DIFERENTE

Um exemplo de alguém que fez isso é Timothy Sykes. Aos 21 anos, ele se tornou um milionário por conta própria ao usar o dinheiro do seu bar mitzvah para iniciar uma carreira como corretor de ações. Em um curso filantrópico na Universidade Tulane, ele se tornou um realizador de desejos da Fundação Make-A-Wish, onde continua a doar. Ele também usou o dinheiro que ganhou com a operação de ações durante seu último ano para doar uma bolsa de estudos para a faculdade.

Mas ele queria fazer mais e trabalhou com uma equipe para criar a Timothy Sykes Foundation. Sua Missão Significativa foi além da doação, e ele passou a colaborar com outros doadores para criar um impacto maior do que ele jamais poderia ter sozinho.

Ele ficou animadíssimo em meu programa ao anunciar que doaria US$1 milhão para a organização que apoio, a Pencils of Promise. Isso é muito dinheiro para qualquer um, mas Tim me disse que entendeu que aquilo era muito mais do que o dinheiro: "Sei que muitos querem discutir o montante do dinheiro, doar US$1 milhão — algo fantástico. Mas a questão é o que o seu dinheiro pode fazer. E se você não tem dinheiro, o que pode fazer para ajudar uma organização?"

Tim comprou tudo o que o dinheiro poderia comprar. Viajou de primeira classe e em aviões particulares para mais de cem países ao redor do mundo. Ele comeu nos restaurantes mais exclusivos e comprou roupas, relógios e carros à vontade. Mas, no fim do dia, ele diz que a vida não é sobre essas coisas. Para ele, esses "brinquedos" são divertidos, mas não são gratificantes:

> Se você está infeliz por aí, precisa pensar um pouco diferente. Além do dinheiro que pode ganhar, o que você pode fazer com a sua vida? Qual é o seu objetivo de vida?[2]

Não posso discordar. Você pode ter metas e sonhos, mas eles podem, às vezes, ser baseados no que lhe fará parecer e se sentir bem. A sua intenção pode ser mais baseada no ego. Talvez você queira fazer seus pais terem orgulho, impressionar os outros ou se destacar entre os amigos. É fácil comparar o que você está fazendo com aquilo que seus amigos estão fazendo e achar que precisa alcançar ou superar o sucesso deles.

Mas quando você cria uma Missão Significativa que capacita os outros, ela se torna energia renovável para você mesmo. Quando a vida fica difícil, você sente que pode acordar todas as manhãs e fazer coisas desafiadoras, porque há algo maior em jogo do que apenas servir a si mesmo.

Agora, se você está pronto para ganhar mais dinheiro para ajudá-lo a cumprir a sua Missão Significativa, é hora de descobrir os Sete Hábitos do Dinheiro, que desenvolvi a partir de inúmeras conversas com especialistas, uma pesquisa extensa e de minhas próprias experiências de vida e nos negócios. Para maior clareza, deixe-me repetir a minha intenção de que esses hábitos, embora poderosos, são para orientação no crescimento, e não para aconselhamento financeiro.

Vamos ganhar mais dinheiro— e ajudar muito mais pessoas ao longo do caminho!

SUA ESTRATÉGIA

Exercício 1: O Efeito Multiplicador

O dinheiro não define quem você é; ele revela quem você é. E quem você é agora já é o suficiente para fazer coisas incríveis no mundo. Vamos criar um quadro para identificar suas melhores qualidades e maneiras pelas quais você serve à humanidade *atualmente*. Não há problema em se gabar!

Em uma coluna, escreva uma lista de coisas positivas a respeito de si— por exemplo, coisas que você faz para os outros, dons e habilidades que usa para fazer do mundo um lugar melhor, maneiras pelas quais você gosta de ser generoso ou causas pelas quais você é apaixonado.

Em uma coluna correspondente, escreva por que ter mais dinheiro o ajudará a multiplicar o efeito de sua grandeza. Escreva no tempo presente, por exemplo: "Por ser rico e abundante, posso fazer doações mensais para o abrigo de animais."

Esse exercício o ajuda a conectar sua Missão Significativa com seu dinheiro e dizer ao universo que você está pronto!

De que Forma Eu Sou Incrível *Agora*	Como o Dinheiro Vai Me Ajudar a Fazer Mais
Sinto muita alegria ao dedicar meu tempo para servir no abrigo de animais.	Por ser rico e abundante, posso fazer doações mensais para o abrigo de animais, além de meu trabalho como voluntário. Com essa doação, eles podem contratar mais funcionários e comprar um novo equipamento.

Exercício 2: Como Meu Dinheiro Poderia Tornar o Mundo um Lugar Melhor?

É hora de sonhar sobre como o dinheiro e sua Missão Significativa podem tornar o mundo um lugar melhor. Todos estão em uma posição única para fazer a diferença — e isso inclui você. Use as sugestões a seguir para esboçar um "plano de negócios em um guardanapo" sobre como você usaria o dinheiro para tornar o mundo um lugar melhor. Imagine que você está em um almoço agradável com Timothy Sykes e ele pergunta como você usaria US$1 milhão para servir aos outros. O que você diria?

A Pessoa. *Quem você ajudaria? Descreva em detalhes a pessoa ou o grupo.*

O Problema. *Que problemas eles estão encontrando?*

O Sofrimento. *Que sofrimento eles estão vivenciando como resultado desse problema? Como isso está afetando a vida deles?*

A Receita. *O que você faria para ajudá-los? Como você faria para esse sofrimento parar?*

O Caminho. *Que solução você daria para eles? Como eles usariam essa solução para resolver o problema?*

O Poder. *Como sua solução os capacitaria a se tornarem diferentes e/ou melhores?*

O Retorno. *Como a vida deles ficaria como resultado de sua solução? Como eles estariam capacitados a ajudar os outros? Como isso faria do mundo um lugar melhor para se viver?*

ETAPA 3

Prepare-se para Ganhar mais Dinheiro

Agora é hora de ser tático, aproveitando o poder dos Sete Hábitos do Dinheiro. Cada hábito é poderoso por si, mas, como você pode ver na ilustração a seguir, mudanças drásticas acontecem quando eles se complementam. É por isso que a Etapa 3 trata de aproveitar esses hábitos poderosos para ajudá-lo a se preparar para receber mais dinheiro. De novo, não tente viver a minha história única ou pensar que, se seguir o que eu fiz, você automaticamente terá muito dinheiro no banco. Eu ainda estou trabalhando, assim como você. Mas esses hábitos poderosos podem ajudá-lo a se tornar a melhor versão de si mesmo e a curar sua relação com o dinheiro, para posicionar-se melhor para desfrutar uma vida mais rica.

O Hábito de Aprender
O Hábito de Persuadir
O Hábito de Mobilizar
O Hábito de Estruturar
O Hábito de Monetizar
O Hábito de Programar
O Hábito de Mentalizar

CAPÍTULO 6

HÁBITO 1: O HÁBITO DE MENTALIZAR

Viver Generosamente

A gratidão é o portão de entrada para a abundância.

Quando participei de meu primeiro evento de mastermind (formação), há muitos anos, estava apenas começando a trabalhar no treinamento do LinkedIn. Era um evento pequeno, de final de semana, com não mais que vinte pessoas. Mas aquelas não eram pessoas aleatórias. Eram empreendedores de sucesso ou donos de negócios com empresas multimilionárias — alguns com receitas anuais de oito ou nove dígitos. Embora eu soubesse que era jovem e ainda novo na área, tentando entender como tudo funcionava, sabia que a única forma de crescer era me cercando de pessoas muito mais espertas e experientes que eu.

Apesar de me sentir intimidado e com medo, fiz a única coisa que sabia na época. Entrei de cabeça e comecei a ajudar os outros membros com as suas estratégias no LinkedIn. *Ei, deixe-me arrumar isso para você. Fico feliz em ajudar.* Eu não cobrei nada. Não tinha nenhum motivo oculto. Estava tentando ser útil, de verdade.

Ao final da semana, havia estabelecido relacionamentos de qualidade com cinco dos participantes. Após o evento, entrei em contato com eles, perguntando como poderia ajudá-los com suas estratégias nas redes sociais

A generosidade começa com um coração grato e uma mentalidade que o coloca em um lugar de positividade para que esteja preparado para dar e receber. Quando você está em um estado de gratidão, é mais provável que seja generoso. Se você está em um estado de ingratidão, um lugar onde faltam agradecimentos, é mais improvável que queira dar aos outros. Quando você está frustrado consigo mesmo ou não se ama, é menos provável que colabore, apoie ou ajude os outros.

Alguns tratam esses princípios como uma fórmula mágica e tentam forçá-los, pensando que se doarem um dólar, receberão dois no dia seguinte. Mas não é assim que funciona. O primeiro Hábito do Dinheiro — O Hábito de Mentalizar — exige que você acredite que qualquer coisa boa que coloque no mundo voltará para você como algo melhor de alguma forma, em algum momento posterior.

O estabelecimento de um Hábito de Mentalizar generoso e grato permite que você multiplique e amplie o impacto de cada hábito a seguir à medida que embarca no caminho para viver uma vida mais rica e abundante.

O PODER DA GRATIDÃO

Uma vida grata é uma vida mais rica. A ciência é direta em apoiar a conexão entre a gratidão e a felicidade

A Dra. Laurie Santos, ex-chefe da Silliman College, em Yale, e apresentadora do podcast *The Happiness Lab*, desenvolveu um interesse na ciência da felicidade ao querer ajudar estudantes universitários estressados. Ela começou a lecionar uma aula de felicidade, chamada The Science of Well-Being [A Ciência do Bem-Estar, em tradução livre], com foco na ciência da felicidade, nos conceitos errôneos comuns que temos sobre a felicidade e nas maneiras práticas de implementá-la. A aula teve de ser programada para uma sala de concertos, para acomodar a enorme quantidade de 1.200 alunos!

Quando a entrevistei no programa *The School of Greatness*, ela compartilhou comigo um estudo de pessoas que receberam US$20 para gastar ou doar a outra pessoa até o fim do dia. No final do dia, os que doaram se sentiam melhor do que os que gastaram consigo.[1]

Uma vida grata é uma vida mais rica.

Pessoas generosas atraem pessoas gratas. Pessoas gratas são mais felizes. Pessoas felizes atraem mais oportunidades.

Para saber como agir generosamente, pode ser incrivelmente esclarecedor responder a esta pergunta: *O que faz uma pessoa generosa?* Por exemplo, quando estou no culto da igreja com minha noiva, Martha, normalmente eu doo algum dinheiro. Mas quando me fiz essa pergunta, me descobri respondendo que uma pessoa generosa daria mais. Não por um senso de dever ou obrigação, mas como uma expressão de quem eu sou. Escolhi ser uma pessoa generosa e, por isso, faço doações.

Nem sempre isso é algo fácil de se fazer. Quando os negócios estão em baixa e a economia, repleta de incertezas, muitos de nós sabemos o que pode estar por vir. No entanto, quando vivo com fé, e não com medo, posso escolher responder com generosidade.

Não se trata do quanto você doa, mas de que você é o tipo de pessoa *que doa*. Para alguns, pode ser um dólar ou dois. Para outros, milhares ou até milhões. A pessoa que se esforça para doar 2 dólares não é menos digna do que aquela que se esforça para doar 2 milhões. Se cada um abordar o dinheiro com o coração generoso e as mãos abertas, se posicionará para interagir com o universo como alguém a quem se pode confiar o dinheiro.

Tenha certeza de onde sua energia está fluindo. Se lhe parecer autêntico e você se sentir bem em doar, você irá querer fazê-lo. Se você se sentir explorado ou se isso não estiver alinhado com quem você é, não irá querer fazer isso. Não importa a pressão que estiver sentindo, seja interna ou externa, tenha certeza de ser bom consigo mesmo primeiro e em alinhamento com seu relacionamento com o dinheiro.

A maioria das situações da vida envolve dinheiro, mesmo que indiretamente. Por isso, pode ser útil responder a outra pergunta esclarecedora: *O que uma pessoa grata faz?* Se você vive consciente do quanto lhe foi dado e aprecia o quanto chegou até suas mãos — e confia que mais virá—, dar algum dinheiro, tempo, energia ou atenção agora não o impedirá de criar mais.

Ao ter fé em seus valores, viver de acordo com sua identidade e acreditar em suas capacidades, você estará apto a criar mais oportunidades para o dinheiro usando alguns recursos em alinhamento com quem você é e está se tornando.

PLANTE A SEMENTE DA GENEROSIDADE

Quando eu era criança, meu pai dirigia uma hora para levar a mim e as minhas duas irmãs ao Camp Willson, um acampamento da ACM em Bellefontaine, Ohio. Nesses acampamentos familiares de fim de semana, eu adorava nadar e pescar na lagoa, participar de atividades ao ar livre e fazer parte daquele belo cenário natural. Mas, em um dia quente de verão, nós não fomos lá para brincar ou nadar no lago, mas para plantar árvores.

Quando chegamos ao acampamento, no início da manhã, havia um campo vazio, montanhoso e cheio de terra, e uma grande caminhonete, carregada com milhares de mudas de árvores de 30 centímetros de altura e várias pás pequenas. Meus pai nos reuniu em torno da caminhonete e disse que é nossa responsabilidade, como seres humanos, estar a serviço das comunidades em que vivemos e retribuir sempre que possível.

Eles nos disse que aquela era uma oportunidade de retribuir ao lugar que deu tantas alegrias à nossa família e que, um dia, muito depois de termos partido, aquelas árvores trariam beleza, inspiração e sombra para animais e pessoas por décadas e, possivelmente, séculos, além de enriquecer os acampamentos.

Com 9 anos de idade, não fiquei inspirado com aquilo. No verão de Ohio, a 38°C, tudo em que eu podia pensar era naquela idiotice de sujar as minhas mãos e meus joelhos de terra para plantar aquelas árvores, quando podia estar nadando no lago fresquinho.

Passamos o dia inteiro ali e, ao final do dia, havíamos plantado mais de mil árvores, em fileiras, naquele campo. Esperto, meu pai transformou aquilo em um jogo e uma competição, o que acabou por me dar algo em que me concentrar.

Nos dez anos seguintes, voltamos para ver aquelas árvores se desenvolverem lentamente, mas a pequena floresta ainda não parecia grande coisa. Após o acidente de carro e a traumática lesão cerebral de meu pai, parei de ir ao acampamento. Somente após sua morte, há poucos anos, é que voltei a visitar o Camp Willson. Fazia trinta anos que havíamos plantado aquelas árvores.

Depois de estacionar, fiquei maravilhado ao ver uma floresta repleta de árvores, algumas com 10 a 15 metros de altura, abraçando o acampamento. Não pude deixar de pensar naquele dia, ainda menino, em que meu pai me ensinou uma lição valiosa de vida sobre gratidão e servir.

Um antigo provérbio diz algo sobre isso: "O verdadeiro significado da vida é plantar árvores sob cuja sombra você não espera se sentar." Funciona em ambas as direções. Posso plantar sementes sendo generoso com os outros hoje. Posso nem ser beneficiado diretamente com essas sementes, mas outros serão. Da mesma forma, sentirei a felicidade de sentar-me à sombra de uma árvore que outra pessoa plantou, mas da qual nunca desfrutou diretamente. Às vezes você planta as sementes; em outras, tem o prazer de se sentar à sombra da árvore que cresceu dessas sementes.

Talvez seja por isso que diversas fontes de grande sabedoria afirmam que é melhor dar do que receber. Podemos ter benefícios externos, mas ao doar, sempre temos a certeza de que teremos uma vida mais rica, devido ao crescimento interno e à paz que ocorrem dentro de nós.

Tenho fé de que o que eu der voltará para mim de alguma forma. Pode ser como dinheiro em abundância — dezenas, centenas ou até milhares de vezes mais. Ou pode voltar na forma de relações muito mais profundas, memórias, paz, alegria ou uma variedade de outras formas de se criar uma vida mais rica para mim e aos que amo.

A verdade é que nenhum de nós pode levar o dinheiro após a morte. A pessoa mais rica do mundo deixará tudo para trás. E se essa pessoa usasse seu dinheiro generosamente, ao invés de se apegar a ele? Talvez você não consiga controlar o que crescerá a partir dessas sementes, mas pode controlar quando, onde e como elas são plantadas, o que é mais do que pode fazer após o término de seu tempo na Terra.

Tony Robbins, alguém que entrevistei algumas vezes em meu programa, conta a própria história, que ilustra este segredo. Ele tinha 17 anos, dormia no banco de trás de seu carro e trabalhava dezoito horas por dia para conseguir pagar as contas. Alguém lhe devia milhares de dólares, mas ele não conseguia receber. Com apenas US$26 em seu nome, ele decidiu esbanjar em uma última refeição "coma o quanto puder", em um bufê próximo.

Ele estava pegando os seus US$17 de troco, quando viu um rapaz bem vestido entrando com uma mulher que parecia ser sua mãe. Ficou impressionado ao ver o rapaz agindo como um verdadeiro cavalheiro. Ao sair, resolveu falar ao menino que era um prazer vê-lo oferecer um jantar à sua mãe. "Ah, não estou oferecendo um jantar a ela", ele respondeu. "Eu não tenho emprego, então não tenho nenhum dinheiro, na verdade."

"Agora tem", Tony disse, enquanto colocava seus últimos US$17 na mesa do garoto. Como Tony descreve, ele "voou" para fora daquele restaurante, movido pela liberdade que sentiu depois de doar seu último centavo.

Sabe o que ele encontrou na caixa de correio ao voltar para casa? Uma carta da pessoa que lhe devia dinheiro, pedindo desculpas por não tê-lo pago. E um cheque com a quantia devida.

Tony deu quando não tinha nada porque estava aprendendo a sair de uma mentalidade de escassez, movida a medo e raiva, para adotar uma mentalidade de abundância, movida a amor e generosidade. Ao se tornar uma versão melhor de si mesmo, mais dinheiro fluiu em sua direção e o deixou mais capaz de manter sua generosidade.

O mesmo vale para você. Se você se mostrar um bom administrador de dinheiro quando tiver pouco, ele fluirá mais para você, naturalmente. Ele

Ed Mylett, empreendedor, apresentador de podcast e autor do best-seller *O Poder de Ir Além*, descreveu uma festa de aniversário de um garoto de 5 anos. Todos os meninos batiam na pichorra mais ou menos com a mesma força, até que uma garotinha finalmente a quebrou e voou doce para tudo quanto era lado, para a alegria e felicidade de todos. Aonde ele quer chegar com isso? Foi necessária uma quantidade considerável de golpes compostos para quebrar a pichorra.

"A maioria não espera pelos doces", Ed me contou. "Leva tempo, mas você alcança progressos invisíveis. Se você se sentir desanimado ou não souber o que fazer, dê a si mesmo o crédito pelo trabalho composto do que está fazendo."[2]

"Você pode sobreviver ao temporário?", Ed me perguntou, parafraseando Napoleon Hill, autor de *Pense e Enriqueça*. "O que acontece com a maioria de nós é pensar que tudo é eterno. Por pensar assim, tomamos decisões permanentes baseadas em condições temporárias. Ao invés disso, diga para si, *do outro lado dessa dor temporária está o outro eu.*"[3]Esse outro eu é aquele em que você está se tornando. Mas você só pode ser mais se estiver disposto a doar de uma forma que produza mais.

A minha pergunta é: você está disposto a esperar pelo doce? A continuar a trabalhar todos os dias, confiando que a pessoa que você está se tornando e as sementes que está plantando darão frutos em uma vida futura e mais rica? Você pode continuar com um coração agradecido, acreditando que uma mentalidade generosa o ajudará a ganhar dinheiro fácil?

Outro exemplo do poder da doação composta vem de Chris Anderson, líder do TED e autor de *Generosidade Contagiosa*. Ele me explicou que a marca "TED Talk" se tornou tão onipresente por um motivo: eles a deram. Quando ele teve a oportunidade de pegar o TED de seu cofundador, Chris ficou animado pelo potencial de expansão e de compartilhamento do programa, além das categorias que lhe dão o nome, tecnologia, entretenimento e design (TED). Assim, em vez de comprar a marca como uma entidade com fins lucrativos, ele tornou o TED parte de sua fundação sem fins lucrativos e distribuiu as informações para quem as quisesse.

Embora as conferências fossem exclusivas, Chris decidiu que a melhor forma de a recém-criada organização sem fins lucrativos trabalhar para o bem público era compartilhar *de graça* os eventos online. Qualquer pessoa no mundo poderia solicitar uma licença gratuita para realizar um evento TED. Mas teria que chamá-lo de TEDx. A fundação de Chris definiu as regras e as ferramentas e deixou os organizadores fazerem os eventos que quisessem e escolher os palestrantes. Esse ato de generosidade e confiança construiu a comunidade.

O resultado mudou o mundo, pois agora há mais de 70 mil pessoas organizando eventos TEDx em seu próprio tempo, sem serem pagas e correndo os próprios riscos financeiros. Eles geram 25 mil vídeos por ano e revelaram grandes vozes, como Simon Sinek e Brené Brown, para citar alguns.

O TED doou sua marca e deixa as pessoas usá-la de graça, de novo e de novo. Como Chris me disse: "Estamos doando os nossos segredos competitivos porque queremos que o mundo seja um lugar melhor. Queremos que os outros aprendam com o que estamos usando."[4]

TORNE-SE UM IMÃ DE DINHEIRO

Grande parte do Hábito de Mentalizar é reprogramar-se para pensar diferente, não apenas quando se trata de ser generoso e grato, mas também mudar o roteiro de pensamento que você tem em relação ao dinheiro. Muitas pessoas interrompem, involuntariamente, o fluxo de dinheiro para elas.

"Todo o dinheiro que todo o mundo quer e de que precisa está esperando por eles. E há apenas uma razão estranha para que isso não esteja na vida deles. É porque eles estão impedindo que isso entre na vida deles."[5] Foi isso que Rhonda Byrne, autora do best-seller *O Segredo*, me disse quando debatemos o dinheiro e o poder da manifestação. Você está usando alguma dessas maneiras e impedindo que o dinheiro chegue até você?

1. **Pensando não ter o suficiente.** Lembro do estresse avassalador de não ter dinheiro suficiente para pagar as coisas e de pensar: *Será que algum dia vou ganhar dinheiro? Algum dia vai acontecer comigo?* Foi o que meu mentor, Chris Hawker, me disse: "O dinheiro virá quando você estiver pronto para ele."

   Se eu tivesse dinheiro naquela época, provavelmente não o teria por muito tempo. Eu não saberia como investi-lo. Eu o teria gasto mal, ou talvez o tivesse acumulado, porque estaria com muito medo. Mas eu não saberia como deixar isso fluir para dentro e para fora de minha vida. E provavelmente não teria sido rápido para ser generoso com ele.

No fundo, o pensamento de que eu não tinha dinheiro suficiente realmente se resumia ao meu pensamento de que eu não era suficiente. Eu tinha que trabalhar em mim mesmo antes de estar pronto para me envolver com o dinheiro de uma forma mais significativa.

2. **Pensando que não merece.** Você atrai aquilo com que se alinha. Se você se alinha com escassez, falta e indignidade, continuará a ver mais disso em sua vida. Afinal, se você não o merece de verdade, por que faria sentido o dinheiro ou alguma coisa boa vir em sua direção?

   Não importa o quanto você diga que quer dinheiro. Se acredita que não merece tê-lo, encontrará formas de impedi-lo de ir até você. Você pode, subconscientemente, sabotar oportunidades de sucesso financeiro ou permanecer na zona de conforto e evitar quaisquer riscos percebidos que possam levar a mais dinheiro.

   Ao ver uma oportunidade para ganhar mais dinheiro, você se vê procrastinando ou fazendo coisas que o impedirão de tirar vantagem disso? Lá no fundo, talvez você sinta medo do sucesso. Mas quando alinha suas crenças sobre si mesmo com a dignidade e a abundância, você se abre para o fluxo de dinheiro e outras bênçãos que merece.

3. **Acreditando na programação negativa do dinheiro.** As Histórias Negativas de Dinheiro que você ouvia quando criança podem se solidificar, subconscientemente, em crenças e comportamentos que impedem o fluxo de dinheiro em sua vida adulta. Por exemplo, se você diz que quer ganhar dinheiro, mas ainda acha que as pessoas ricas são más, impedirá a si mesmo de ser uma pessoa rica.

   Que partes negativas de sua História com o Dinheiro não servem mais para você? O que você pode estar guardando e que precisa ser substituído por uma história positiva? Dá trabalho mudar sua história, mas você deve a si mesmo fazer essas mudanças.

Meu pai colocava a TV no mudo quando aparecia algum comercial sobre medicamentos ou doenças enquanto assistíamos esportes. Ele não queria que comerciais sobre doenças, enfermidades e medicamentos ficassem constantemente na mente de minha família. Papai entendia uma verdade profunda: começamos a acreditar nas coisas que ouvimos, e aquilo em que acreditamos acaba se tornando verdade para nós.

Com diz Rhonda Byrne, "A Lei da Atração pode fazer só aquilo em que você acredita."[6] Em vez de deixar as coisas negativas entrarem, é melhor mudar o canal, ajustar a conversa, mudar seus pensamentos ou se retirar da situação. Você deve ficar atento à sua mente para evitar que pensamentos e crenças que não lhe servem se fixem nela.

4. **Acreditando que seu emprego atual é sua única esperança.** Talvez você tenha visto seus pais terem um único emprego a vida toda. Foi dali que veio todo o dinheiro. Talvez todos ao seu redor estejam trocando horas por dólares de uma forma gratificante para eles, então você se acostumou a pensar em ganhar dinheiro dessa forma — e somente dessa forma.

   A crença de que só existe um jeito de fazer as coisas o afasta de outros caminhos que gerem dinheiro, como começar um trabalho paralelo, investir de várias maneiras, criar fluxos de renda passiva ou ter um ganho financeiro inesperado. Ela também pode fazê-lo ter medo de fracassar, o que significa que, provavelmente, você não assumirá os riscos necessários para agregar mais valor e ganhar mais dinheiro.

   Se você teme perder o emprego, jamais se sentirá valorizado o suficiente para pedir um aumento, tirar um momento de folga ou aprender uma nova habilidade que possa ajudá-lo a conseguir uma promoção ou a abrir outras portas. Ao abandonar essa crença, você fortalece seu bem-estar financeiro, assume riscos calculados e abre sua mente para novas oportunidades de fontes de renda.

Quando Rhonda Byrne teve dificuldades financeiras, repetia diariamente afirmações para reeducar sua mentalidade: *Eu tenho muito dinheiro. Eu atraio o que quiser. Eu tenho sucesso em tudo que toco.* Ela fez questão de expressar gratidão pelas coisas que tinha e pelas que estavam a caminho. E ela reverteu tudo o que parecia negativo em relação ao dinheiro para torná-lo positivo — inclusive quando as contas venceram.

Cada vez que ela abria a caixa de correio e via um monte de contas, seu estômago ia parar nos joelhos. Mas, em vez de preservar essa sensação de pavor, ela aprendeu que a Lei da Atração não sabe nem se importa se você está imaginando algo ou se é real. E foi aí que o jogo começou.

Ao abrir uma conta, ela pegava um pedaço do papel e escrevia, alegremente: "Viva! Acabei de receber US$1.200 pelo correio!" Então, abria a próxima conta e exclamava o quão excitada estava por receber a próxima quantia devida, adicionando o valor ao total de dinheiro que veio a ela naquele dia. Chegou ao ponto de achar que não estava recebendo o suficiente, então ela adicionava zeros aos valores em sua planilha, para criar um total ainda maior, e exclamava: "*Isso*, US$150 mil para mim hoje!" Brincar desse jogo a fazia se sentir melhor, então ela podia sentar e pagar o que podia, usando outro jogo.

Em vez de olhar para as contas como uma despesa, ela imaginava que aquele dinheiro era uma doação para a empresa. Por exemplo: "Esta empresa é maravilhosa fornecendo energia para mim, então farei uma doação. Esse dinheiro ajudará os trabalhadores da empresa a darem educação para os seus filhos, comprar comida e pagar a hipoteca." Ao pensar que a doação de mentirinha estava indo fazer coisas boas para os funcionários da empresa, Rhonda mudou a maneira como se sentia em relação ao dinheiro. Ela reformulou o pagamento de contas como um ato de generosidade.

Quando recebeu seus extratos bancários, eles não eram nada bonitos. Os dois cartões de crédito estavam estourados e ela não tinha como pagá-los. Então, com seu marcador, adicionou quatro zeros ao saldo devido no extrato e escreveu: "Obrigado. Pago."[7]

A sua solução lúdica me fez lembrar do que Alan Watts disse: "Este é o real segredo da vida. Estar completamente envolvido com o que você está fazendo aqui e agora. E, em vez de chamar de trabalho, imagine que é uma brincadeira."[8]

Da mesma maneira, quando Ken Honda tinha 19 anos, ele veio para os Estados Unidos com apenas um pouco de dinheiro em sua conta bancária e partiu para uma experiência de um ano. Seu plano era explorar o "fator de gentileza" e contar com a generosidade das pessoas que conheceu. Por exemplo, ele perguntou uma vez a um homem, em um parque, se havia um restaurante próximo onde pudesse comer por pouco ou nenhum dinheiro. O homem não só levou Ken ao local para comer, como ainda pagou pela sua refeição. Então, convidou Ken para ficar em sua casa, ao descobrir que ele não tinha onde ficar.

No final do ano, Ken tinha a mesma quantia que trouxe quando veio do Japão. Ele nunca teve fome e sempre tinha um lugar para dormir, todas as noites. Isso foi em 1987, e Ken ainda adora retribuir a generosidade que recebeu antes. Ele procura jovens turistas norte-americanos, quando os vê em outros países, e paga por suas refeições.[9]

Ele me disse o que vê como a chave para servir o mundo à sua volta:

> Ao invés de se sentir sobrecarregado com as contas, você pode ser criativo e ter ideias com as quais pode contribuir para o mundo. Se você é mais criativo sobre servir ao mundo e as outras pessoas com a sua doação, você pode criar um fluxo de dinheiro feliz. Como resultado, pode receber mais dinheiro.[10]

Ouça-me quando digo que não estou defendendo que você "aja como se" e se endivide astronomicamente, fazendo coisas divertidas que ainda não pode pagar ou doando todo seu dinheiro. Mas, quando você consegue encontrar maneiras de inverter o roteiro e liberar energia lúdica em relação ao dinheiro, isso pode ajudá-lo a se tornar um imã de dinheiro.

PRATIQUE A SUA GRATIDÃO

Aqui estão algumas práticas diárias simples para desenvolver a força de sua generosidade e desenvolver uma mentalidade mais grata.

1. **Dê dinheiro.** Quando for à cafeteria local, esteja presente com quem está ali. Se você notar alguém que o atraia, lhe dê algum dinheiro. Pode ser o barista que está fazendo sua bebida ou um

- Pense em algum conhecido que esteja investindo no próprio desenvolvimento. Procure-o e se ofereça para pagar um curso ou treinamento.
- Pague o pedido da pessoa atrás de você no drive-thru ou na cafeteria.
- Pague o almoço de alguém que estiver no mesmo restaurante que você... sem que ele saiba quem pagou a conta.
- Aproxime-se de um estranho na loja e dê-lhe algum dinheiro.

Não importa qual desses você escolheu, sinta-se à vontade para fazer do seu jeito; o importante é praticar sua generosidade *agora*. E seja grato pelo que você fizer.

Exercício 3: Plante Algumas Sementes da Generosidade

Faça uma lista de "sementes de generosidade" de longo prazo que você pode plantar hoje. Escreva algumas frases sobre como será essa "árvore" nos próximos anos. Quem se sentará sob sua sombra? Como serão ajudados? Quem você conhece que poderia ajudá-lo a plantar? Plante pequeno, mas sonhe grande.

Sementes	Sombra
Sou um empreendedor que adora orientar estudantes do ensino médio, então procurarei nossa escola local e me oferecerei para me encontrar com um aluno durante um mês, para ensiná-lo como aumentar sua experiência para construir seu próprio negócio.	Em dez anos, esse aluno terá crescido com o tempo que passamos juntos. Ele terá fundado sua própria empresa, e esta empresa agora estará inovando de formas que nós nem imaginamos hoje. Em troca, ele orientará um grupo de alunos do ensino médio que queiram fundar suas próprias empresas para impactar os outros.

CAPÍTULO 7

HÁBITO 2: O HÁBITO DE ESTRUTURAR

Planeje a Sua Vida

Nas férias do oitavo para o nono ano, meus pais me mandaram para o acampamento de verão de Ciências Cristãs, no Missouri. Lá, criei um plano que sabia que mudaria a trajetória de minha vida — no outono, iria para uma escola particular de Ciências Cristãs localizada a sete horas de carro de casa, e não aceitaria um não como resposta.

Uma de minhas irmãs mais velhas já estava indo para a faculdade e a outra se formaria no ensino médio em breve. Meu irmão tinha acabado de voltar para casa, após ficar preso por quatro anos e meio. Por ser muito mais novo que meus irmãos, me senti sozinho. Acho que a maioria das crianças passa por uma época na vida em que se sente incompreendida, e eu não era exceção.

Por um lado, havia muita tensão entre meus pais. Lembro-me de tentar abafar os sons de seus gritos e portas batendo enquanto eles brigavam. Não era algo que eles pretendiam causar, mas a maneira subconsciente como interpretei minha dinâmica familiar contribuiu para o trauma emocional e mental, a confusão e as inseguranças que me dominaram. Eu contava os dias para o acampamento de verão, quando poderia relaxar e me divertir com outras crianças de minha idade.

Tal qual qualquer outro acampamento de verão, nos mantinham ocupados com cinco a dez atividades diárias. Jogávamos basquete, fazíamos esqui aquático, pulávamos no lago pendurados em cordas e cavalgávamos — para citar algumas. Como o acampamento era de Ciências Cristãs, antes de cada atividade, tínhamos "mets", ou definição de intenções metafísicas, de cinco minutos. Tínhamos que criar uma intenção de como queríamos viver durante a próxima atividade, de uma perspectiva metafísica e espiritual, nos perguntando: *O que irei criar aqui? Como quero aparecer nesse momento? O que aconteceu comigo ontem e sobre o qual eu gostaria de refletir, debater e trabalhar?*

Essas "mets" diárias, durante duas semanas, foram o alicerce para me ajudar a me tornar mais atencioso, focado e consciente sobre a maneira como eu queria aparecer em minha vida. Tais hábitos e rituais ainda me ajudam em todos os tipos de situações, de palestras às interações profissionais e pessoais. Quando tenho um sonho, visão ou meta clara em minha mente, faço de tudo para alcançá-la, da forma mais autêntica.

Na época, descobri que a maioria de meus amigos do acampamento iria para a escola particular para Ciências Cristãs em St. Louis, Missouri. Eu estava me divertindo muito com eles e fui aceito de todo coração, então concluí que me matricular na escola deles era a única forma de recolocar minha vida nos trilhos pelos próximos cinco anos, do nono ano até o ensino médio.

Quando meus pais me buscaram no aeroporto, em Columbus, Ohio, a primeira coisa que lhes disse foi: "Aqueles meninos foram positivos e inspiradores. Eu quero me cercar desse tipo de energia. Então eu quero ir para a escola deles em St. Louis, Missouri." A resposta imediata deles, com todas as justificativas, foi de que não daria — nós não tínhamos dinheiro para um internato particular; eles queriam que eu ficasse em casa; eu não tinha notas para entrar na escola. Mas eu *sabia* que conseguiria.

Eu os persegui durante todo o verão. Mais importante, planejei tudo de que precisava antes do início do ano letivo. Eu me candidatei para uma vaga na escola, escrevi ensaios, recebi cartas de minha igreja, procurei bolsas de estudo e me inscrevi nelas. Prometi aos meus pais que trabalharia com tutores e faria aulas de verão, se necessário. Quando chegou a hora, eles me deixaram ir!

Embora a escola fosse rigorosa e o currículo, desafiador, a experiência me deu uma forte base mental. Ela me deu o molho secreto que me ajudou nos esportes no ensino médio e na faculdade. Até hoje vivo diariamente com muitas das práticas e dos ensinamentos que recebi daquela escola. E vi algumas lições poderosas se concretizarem durante diferentes conversas em meu programa.

Eu sei que não estaria onde estou hoje sem ter feito e seguido aquele plano.

POR QUE OS PLANOS NÃO AVANÇAM

Você já fez resoluções de ano novo? Se sim, quantas você seguiu? Você sabia que 23% dos norte-americanos desistem delas ao final da primeira semana do ano? Outros 43%, ao final do mês. Se você já completou alguma delas, está entre os 9% que seguem esses planos.[1]

Parecemos ter esses mesmos problemas com nosso dinheiro. E por quê? Aqui estão alguns dos principais motivos:

1. **Perdemos a motivação.** Todos temos dificuldades financeiras durante a vida. Em dado momento, trabalhei apenas pelo dinheiro que o emprego proporcionava. Dirigi caminhões, cortei grama e até trabalhei como segurança de boate. Esses empregos não tinham nada a ver com minhas habilidades ou meus interesses. Mas eu precisava pagar as contas. É fácil se perder na rotina e perder a motivação de ir atrás de algo melhor quando você não tem certeza de como ganhar dinheiro de uma forma emocionante e até gratificante.
2. **Nos distraímos.** O investidor e empreendedor Alex Hormozi assinalou isso para mim: em vez de fazer planos para decidir o próximo passo, muitas pessoas se distraem para não ter que encarar a realidade. Se sentar no sofá e maratonar uma série, jogar videogame ou navegar nas redes sociais oferece uma rota de escape tranquila. Assim, elas não têm que pensar muito no quanto não gostam de seus trabalhos ou o que podem fazer para melhorar a situação. Fazer isso dia após dia não muda nada.

3. **Ficamos sobrecarregados com o próximo nível.** Não importa se você está saindo de cinco dígitos para seis, de seis para sete ou de sete para oito. Superar a transição de um nível de renda para outro pode ser algo com o qual é difícil lidar, tanto mental quanto emocionalmente. Cada vez que avança para o próximo nível, sua mente não tem um quadro ou referência para ajudá-lo a se ajustar. Ao invés de seguir e progredir, pode ser mais fácil criar desculpas e deixar os planos de lado para se manter na zona de conforto.
4. **Evitamos hábitos prósperos.** Robin Sharma, líder de domínio pessoal e autor dos best-sellers mundiais *O Monge Que Vendeu a Sua Ferrari* e *The Wealth Money Can't Buy*, compartilhou um conceito poderoso comigo. É uma forma de pensar do seu livro *The Everyday Hero Manifesto*. Ao invés de permanecer em uma mentalidade de vítima, onde as coisas simplesmente são do jeito que são e você não tem controle sobre os resultados da sua vida, você pode mudar para uma mentalidade de herói.

   Robin sugere prestar atenção às palavras que dissemos. Em vez de criar um vocabulário cheio de negatividade, podemos mudar a forma como falamos sobre nossas situações. Fazer isso cria mais oportunidades de ter mais do queremos em nossas vidas — financeira, pessoal, física e profissionalmente. Outro hábito próspero é se educar lendo livros que o inspirem e elevem, em vez de ficar olhando para uma tela. Mudar seus hábitos fundamentais pode fazer uma grande diferença na busca pela mudança de sua situação financeira.

CRIE A SUA VISÃO FINANCEIRA

Um turista visitava uma pequena aldeia pesqueira. Lá, conversou com um pescador local. Admirando o pequeno negócio do homem, perguntou: "Quanto tempo leva para você pegar um peixe?"

"Não muito", respondeu o pescador.

"Por que você não fica mais tempo na água todos os dias, para poder pegar mais peixes?"

"O pouco que pesco todos os dias é o suficiente para atender às minhas necessidades e às de minha família e aldeia."

"E o que vocês fazem no resto do tempo?"

"Dormimos até tarde, brincamos com as crianças e fazemos a sesta com as nossas mulheres. À noite, vamos à aldeia para encontrar os nossos amigos, beber, tocar violão e cantar. Temos uma vida plena."

O turista interrompeu o pescador. "Eu tenho um MBA em Harvard e adoraria ajudá-lo. Se você começar a pescar mais todos os dias, pode vender os peixes a mais que pegar. Com a renda extra, pode comprar um barco maior."

"Interessante", respondeu o pescador, "e então...?"

"Com o dinheiro extra e um barco maior, você pode comprar outro barco e continuar trabalhando até ter uma frota inteira de pesqueiros. Então, em vez de vender os peixes para compradores, você pode negociar diretamente com as fábricas de processamento e talvez abrir a sua própria fábrica. Então você pode ir para uma cidade grande e administrar o seu empreendimento gigantesco de lá."

"Quanto tempo levaria para chegar lá?"

"Ah, talvez entre 20 e 25 anos."

O pescador perguntou: "O que eu faria após isso?"

O turista respondeu: "Várias coisas interessantes. Quando o seu negócio for realmente grande, você pode começar a vender ações e ganhar milhões."

"Milhões? E o que eu farei após ganhar milhões de dólares?"

"Você pode se aposentar e viver em uma pequena aldeia próxima à costa, dormir até tarde, brincar com as crianças, pegar alguns peixes, fazer a sesta com a sua mulher e passar as noites bebendo e curtindo uma música com os amigos."

O pescador assentiu e respondeu: "Com todo o respeito, senhor, mas isso é exatamente o que eu estou fazendo agora. Não entendi por que desperdiçar 25 anos."[2]

DIMINUA OS SEUS PADRÕES

Depois de tirar um tempo para entender o que significa uma vida rica para você, é hora de fazer algo a respeito — fazer alguns planos e esquematizar como você chegará lá, porque *se você nunca esquematizar seu futuro, tenderá a refazer o passado.*

Ao decidir onde quer chegar na vida, você evita cair em armadilhas ou traumas do passado que pensava estarem curados. É a hora de se dar permissão para seguir os planos que deixou de lado no passado.

Eu desafiei minha mãe a fazer isso nos últimos anos. Comecei perguntando: "O que a senhora quer mesmo fazer que nunca fez antes?" Ela mencionou o desejo de viajar para o Havaí, então nos sentamos e fizemos um plano. Duas semanas depois, ela desembarcava do avião e sentia o cheiro das flores tropicais da Big Island. Sua sensação de realidade combinava com o sorriso radiante em seu rosto.

Desde então, ela continua a tentar coisas novas. Frequentou novas aulas de dança, se juntou a clubes de tricô e ao coro da igreja e tentou diferentes atividades físicas. E ela agora passa mais tempo de qualidade com os amigos e família. Eu adoro ver sua energia juvenil brilhando enquanto ela parte para novas aventuras. Meu conselho a ela hoje é: "Continue!" Quanto mais ela faz coisas que a deixam animada e alegre, mais fácil é para ela fazer os próximos planos. Tenho orgulho por ela ter dado o primeiro passo e ter seguido o impulso que surgiu ao tomar a atitude.

Kelly McGonigal, neurocientista e autora de *Os Desafios à Força de Vontade*, define força de vontade como "a capacidade de fazer escolhas que são consistentes com os seus objetivos e valores mais importantes, mesmo quando alguma parte de você não quer."[3] Ela diz que a força de vontade não é sobre forçar-se para fazer alguma coisa ou suprimir sua vontade de fazer outra coisa. É mais sobre ter clareza sobre como alinhar seus objetivos com quem você é e para onde quer ir e, então, usar algumas ferramentas neurológicas para ajudá-lo a alcançar aquilo que deseja.

Se você nunca estruturar o seu futuro, tenderá a refazer o passado.

Uma dessas ferramentas é diminuir seus padrões. Sim, você leu certo. Pode parecer que você está desistindo e se contentando com algo menor do que o resultado desejado, mas na verdade é um grande primeiro passo para ter exatamente o que você deseja no longo prazo. Por exemplo, pode ser que você esteja pesquisando como começar a investir ou pagar suas dívidas. Ao invés de tentar mudar tudo da noite para o dia, comece por tomar uma ação pequena e consistente que o levará na direção certa. À medida que alcança aquilo repetidamente, você cria um momentum. Seu senso de orgulho começa a aparecer quando você se sente grato por estar realizando algo. Ele o ajuda a criar um ambiente que apoia seu objetivo, mesmo quando estiver tendo um dia ruim.

O interessante desta técnica é que as pessoas ao seu redor começarão a notar o que você está fazendo. Antes de se dar conta, você estará inspirando-as a criar sua própria visão de dinheiro e a dar os pequenos primeiros passos também. Kelly me explicou como o componente da força de vontade é uma resposta biológica, da mente e do corpo:

> Em contraste com o instinto de lutar ou fugir, temos um que nos desacelera, chamado pausa e planejamento. Ele requer, primeiro, que você saiba quais são os seus objetivos.
>
> Quando a sua mente reconhece que você está em um momento que o afasta das metas e compromissos — está tentado, distraído ou duvidando de si —, a pausa e o planejamento entram em ação. Isso diminui os seus batimentos cardíacos, aumenta o seu foco e ativa áreas do seu cérebro que o ajudam a se lembrar das suas metas e valores.[4]

Ter clareza sobre sua visão financeira é o primeiro passo para fortalecer o instinto de pausa e planejamento, o ajudando a ver as distrações como ameaças ao cumprimento dessas metas. Conforme esse instinto fica mais forte, fica mais fácil ver as coisas que o impedem de atingir as metas diárias, e isso o ajuda a voltar ao rumo de uma forma mais produtiva.

O SEU ANO RICO

Eu gosto mesmo do conceito que ouvi de Bill Perkins, autor de *Morra Sem Nada*. Ele o chama de *dividendos de memória*. Ele incentiva os outros a gastar seu dinheiro nas fases em que podem obter mais satisfação com essas experiências, em vez de esperar para fazê-lo mais tarde na vida. Muitas pessoas tendem a adiar o uso do dinheiro para criar memórias até ficarem mais velhas, apenas para descobrir que simplesmente não conseguem fazer fisicamente o que precisam para vivenciar essas coisas à medida que envelhecem.

Um exemplo disso eu ouvi de um jovem casal que visitou a Grécia. Eles estavam prontos para subir as escadas de uma das muitas maravilhas antigas do local, quando um casal de idosos lhes perguntou se os mais jovens podiam tirar uma foto para eles quando chegassem lá em cima. Infelizmente, o casal sempre quis visitar o local, mas quando a chance finalmente chegou, simplesmente não conseguiam subir as escadas.

É por isso que Perkins fala em investir em experiências que lhe darão ricas memórias para aproveitar ao longo da vida, produzindo assim os "dividendos de memória", que se acumulam ao longo do tempo. Com essa abordagem, você esquematiza sua vida para gastar seu dinheiro estrategicamente para criar experiências com valor de tempo. Essas experiências geram dividendos por meio de fotos, vídeos, aventuras, encontros aleatórios, belos momentos e memórias que você guardará com carinho mais tarde, enquanto vive uma vida mais rica

Meu amigo Jesse Itzler, artista ganhador do Emmy, autor best-seller do *New York Times*, coproprietário do Atlanta Hawks e ultramaratonista, fala sobre fazer isso ao longo de um ano, para toda a sua vida. Ele até oferece um "Grande Calendário ##" para você colocar em seu mural para dar vida ao seu plano. Nesse processo, ele mostra como você pode esquematizar seus grandes momentos, viagens ou experiências que quer ter ao longo do ano — você os escreve em um algum lugar visível em um grande calendário, que pendurara na parede´, e, então, preenche o resto das responsabilidades para aquele ano em torno deles.

Se for útil para você, sugiro fazê-lo. Mas, e se você pudesse criar seu plano para o ano perfeito com base nas experiências exclusivas nas quais deseja investir? Mesmo que todo o resto desmorone, mas você consiga criar essas memórias essenciais, quais experiências e aventuras permitirão que você diga que teve um ano rico, porque elas acrescentaram muitas coisas boas a sua vida?

Imagine se você usasse seu dinheiro para criar essas experiências exclusivas, talvez uma a cada dois ou três meses. Essas quatro ou seis experiências entrariam primeiro em seu calendário, antes de você deixar que todas as outras coisas da vida o preenchessem. Então você poderia desenvolver um plano financeiro para criar esses "dividendos de memórias" que Bill Perkins descreve.

Agora imagine se você fizesse isso por 40 anos. Teria, no mínimo, 240 viagens, momentos e experiências únicos, cada um com uma série de outras experiências associadas a ele, resultando em milhares de memórias ao longo de sua vida

Você não tem que esquematizar essas experiências para os próximos quarenta anos, nem mesmo para os próximos cinco. Algumas pessoas tentam esquematizar toda a vida e as decisões a serem tomadas, mas eu nunca achei uma vida previsível o suficiente para fazer isso valer a pena. Às vezes, mesmo alguns anos podem ser um desafio. Se concentre nos próximos doze meses. Como seria esse ano rico? Seria o ano mais rico de sua vida, independentemente do quanto você gasta nessas experiências?

Se pensar no ano inteiro é muito para você agora, comece com um dia. Como seria um dia rico em sua vida, se você não gastasse um centavo? Os momentos mais ricos da vida não são resultado de gastar dinheiro, mas de viver momentos de conexão, intimidade, diversão e realização. Eles vêm da superação de desafios com alguém de quem você gosta — e não necessariamente requerem dinheiro. Seu dia rico inclui ter tempo para ir à academia, pegar as crianças na escola ou ter uma boa conversa com alguém que você ama? O dinheiro pode lhe dar mais opções, mas se você não tem uma vida interior rica e relacionamentos ricos, ele simplesmente aumentará } sua infelicidade.

Como seria um dia rico em sua vida se você não gastasse um centavo?

relacionamentos e encontrando formas de estar nos lugares certos. E você não sabe disso, mas pouco antes da marca dos nove meses, fiz meus primeiros US$5 mil. Aconteceu mesmo que eu nunca tenha ganhado dinheiro palestrando antes daquele dia e mal conseguisse ficar na frente de um grupo sem tremer!

Acredite em mim, se eu pude fazer isso lá atrás, você também pode. Quer você não esteja ganhando nada hoje ou já gerando uma renda de sete dígitos, precisa ter certeza absoluta de qual será sua História com o Dinheiro no futuro. O dinheiro não cairá no seu colo enquanto você está sentado no sofá. Se você está com dificuldades para subir para o próximo nível financeiro, tente se fazer estas perguntas:

1. Quanto quero ganhar?
2. Por que quero ganhar isso?
3. O que farei com o dinheiro quando ganhar?
4. Quando quero ganhar isso?
5. Que receios tenho que superar?
6. O que preciso aprender?
7. Com quem preciso me conectar?
8. Que habilidades preciso dominar?
9. Que ações preciso tomar?

Você já deve ter ouvido o ditado "Você é o que você come". Mas sabia que a sua vida é moldada pela sua conversa interior? Então, é mais preciso falar que "você é o que você pensa". Sua direção será determinada por aquilo que você pensa, em que se concentra e que diz a si mesmo — para o bem ou para o mal.

Por isso é fundamental ter uma Missão Significativa. Sem uma missão ou propósito de vida, você é como uma pessoa viajando sem destino, plano ou mapa. Espontaneidade e decisões impulsivas podem ser divertidas e adicionar emoção à vida, mas você precisa de direção, ou nunca chegará a lugar algum.

Durante oito anos, sonhei em ser um autor best-seller do *New York Times*. Quase toda noite, eu focava em como seria entrar numa loja de livros e ver meu livro com uma estampa "Best-seller do *New York Times*" na capa próxima ao meu nome.

Eu não teria realizado esse sonho sem a meta que visualizei e trabalhei para alcançar, passo a passo. Agora que escrevi meu segundo best-seller do *New York Times*, entendo a importância da visualização quando se trata de definir metas e tomar medidas essenciais.

CONHEÇA OS NÚMEROS

Quando entender a História com o Dinheiro específica que você quer viver, será hora de se familiarizar com os números. Independentemente de querer ganhar seus primeiros mil dólares ou os seis, sete ou oito dígitos no próximo ano, você precisa saber o necessário para chegar lá.

Vamos dividir isso em etapas práticas que você pode fazer agora:

1. **Visualize sua meta financeira.** Comece escrevendo a quantia exata de dinheiro que você quer acumular. Coloque um número grande o suficiente para parecer desconfortável, talvez até risível, comparado ao que você tem agora. Pense na História com o Dinheiro que você quer viver e o quanto precisará para chegar lá.
2. **Calcule.** Pegue sua calculadora, lápis e papel. Digamos que você quer US$100 mil em um ano. Veja o quanto você tem que fazer por mês, semana e dia, junto com sua taxa horária:

    - *Mês*: Divida sua meta anual (US$100 mil) pelos 12 meses do ano. Você terá que fazer US$8.333 todo mês.
    - *Semana*: Divida sua meta anual (US$100 mil) pelas 48 semanas do ano, supondo que você tire um tempo de folga. Será necessário fazer US$2.083 por semana.
    - *Dia:* Divida sua meta semanal (US$2.083) pelos 5 dias da semana, supondo que você tire os finais de semana de folga. Você precisará fazer US$417 por dia para atingir a meta anual de US$100 mil.
    - *Hora:* Divida sua meta diária (US$400) por 8, já que a média de um dia de trabalho é de 8 horas. Você precisará fazer US$52 por hora para atingir a meta anual de US$100 mil.

3. **Brainstorm de ideias para gerar receita.** Agora é a hora de maximizar sua receita. Tenha em mente que é importante agregar valor ao mundo. Se você não fizer isso, será difícil ganhar dinheiro consistentemente.

    - Que conhecimentos, habilidades especiais ou talentos você tem e que pode passar a outros?
    - Que serviços valiosos você pode compartilhar e monetizar?
    - Você pode consultar alguém sobre algo?
    - Tem algum produto que você possa criar e vender?
    - Tem algum serviço que você possa oferecer?
    - Quanto as pessoas pagam, ou pagariam, por essas coisas?

4. **Crie seu plano.** Use sua lista de serviços e produtos disponíveis e faça os cálculos novamente. Se você tem uma taxa por hora, quantas horas precisaria trabalhar para atingir sua meta? Se você tem um produto ou serviço, quanto precisaria vender?

    Faça um plano baseado nesses números. Se eles não estiverem batendo, veja o que você pode fazer. Encontre um mentor para ajudá-lo enquanto você trabalha para subir de nível. Invista em si mesmo e adquira as habilidades que criarão o valor que, por sua vez, gerará receita.

5. **Simplesmente faça!** Após ter seu plano, é hora de colocá-lo em prática. Crie momentum com ações propositais todos os dias. É claro que haverá contratempos, mas você terá que continuar lutando em direção aos seus objetivos. Ao manter consistência e seguir em frente, você se surpreenderá enquanto escreve sua História com o Dinheiro.

É ótimo ter um plano, não é? Mas ele não se tornará realidade se você não acreditar que é digno dele. A seguir, trabalharemos na importância de entender o valor que você traz ao mundo e como empacotá-lo para criar o máximo impacto.

SUA ESTRATÉGIA

Exercício 1: Viva um Dia Mais Rico; Construa uma Vida Mais Rica

Os dias mais ricos de sua vida raramente envolvem dinheiro. Pelo contrário, envolvem experiências, conversas, relacionamentos e memórias. Esse exercício o ajudará a criar um gráfico para pensar sobre experiências enriquecedoras do passado e desafiá-lo a criar um dia mais enriquecedor, sem gastar dinheiro

Na coluna da esquerda, reflita sobre seu passado. Quais foram alguns de seus melhores dias? O que os fez maravilhosos? O que você ganhou, de graça? Quem estava com você? De que maneiras você conseguiu fazer a magia acontecer de forma criativa?

Na coluna do meio, reflita sobre o que você tem atualmente à disposição. Pode ser uma ótima família, que o faça se sentir amado. Pode ser um amigo, que sabe como fazê-lo rir ou empurrá-lo para os limites da sua zona de conforto. Pode ser um parque local, com uma bela trilha para caminhadas. Pode ser um diário em branco e uma caneta. Adicione à lista o que quer que você tenha atualmente que o encha de alegria.

Na coluna da direita, comece escrevendo um cenário no qual você pode ter o dia mais rico até agora. Use memórias do passado e recursos do presente para criar esse dia. Descreva-o em detalhes. Quem está com você? O que você está fazendo? Como está se sentindo? Abundante, pleno, positivo, confiante? Por que você se sente rico? Como essas memórias ficarão com você pelo resto de sua vida?

Repita esse processo a cada vez que precisar se lembrar de como a riqueza realmente é. Quando você acumula dias ricos, constrói uma vida rica. Essa composição constrói aqueles dividendos de memória que tornam a vida incrível.

Minhas Riquezas Passadas	Meus Recursos Presentes	Meu Dia Mais Rico
Exemplo: Quando minha irmã e eu jogávamos juntos no quintal da frente, todos os dias após as aulas, quando eu estava no sexto ano.	*Exemplo*: Minha esposa, que eu amo.	*Exemplo*: Estou com a minha esposa e três filhos e estamos passando uma semana inteira de férias em família na região baixa da Carolina do Sul.

Exercício 2: Crie Seu Mapa de Movimentos de Dinheiro

Pense em uma meta que você teve para ganhar dinheiro. Escreva em uma frase simples, como o exemplo deste capítulo de ganhar US$5 mil com uma palestra. Se você nunca articulou esse objetivo, use estas sete perguntas para construir sua frase:

1. Quanto quero ganhar?
2. Quando quero ganhar isso?
3. Que receios tenho que superar?
4. O que preciso aprender?
5. Com quem posso me conectar?
6. Que habilidades preciso dominar?
7. Que ações devo tomar?

Agora estruture seus próximos cinco movimentos para gerar uma mudança significativa. Mantenha-os simples e acionáveis. Adicione uma data-limite ao lado de cada movimento e, em seguida, coloque seu mapa de movimentos de dinheiro em um lugar visível. Ao finalizar um movimento, adicione outro à lista. Mantenha esses próximos cinco movimentos à sua frente, como uma forma de dividir grandes coisas em pequenos passos e permanecer comprometido.

Quais são seus próximos cinco movimentos? Qual é sua data de conclusão prevista?

1. ______________________________
2. ______________________________
3. ______________________________
4. ______________________________
5. ______________________________

CAPÍTULO 8

HÁBITO 3: O HÁBITO DE MONETIZAR

Aprecie o Seu Valor

A quantidade de dinheiro que você é ganha é diretamente proporcional à quantidade de valor que você traz para os outros *e* a sua capacidade de embalar e vender este valor. Eu chamo isso de o Hábito de Monetizar. É algo ao mesmo tempo simples e potencialmente desafiador.

Mesmo após as pessoas adotarem o primeiro hábito de ganhar dinheiro com uma mentalidade de gratidão e após adotarem o segundo hábito de mapearem seu plano, elas tendem a sucumbir ao terceiro. Eu acho que é porque ele verdadeiramente põe à prova o quanto você aprecia seu valor próprio. Isso porque a verdade é a seguinte: se você não se valoriza — seus talentos, seu tempo, suas habilidades, capacidades e, finalmente, seu valor —, sempre lutará para imaginar como transformar esse valor em dinheiro.

Allyson Felix fez isso. Até aqui, ela é a atleta mais condecorada da história, com incríveis 31 medalhas olímpicas e mundiais. Mas até ela teve que encarar a antiga cultura no atletismo do tratamento injusto em relação à gravidez e à maternidade. Allyson via suas companheiras de equipe lutando para constituir família escondendo a gravidez para manter contratos de patrocínio. Ela não viu muitos exemplos de mães dominando o esporte — não porque as mulheres não são capazes, mas porque o apoio para tornar isso possível não existia.

trânsito de Los Angeles e pensando sobre meus próximos passos, o podcast me veio à mente. Ali, liguei para duas pessoas que tinham podcasts. Elas disseram que estavam se divertindo muito e se conectando com novos públicos de novas maneiras por causa disso. Aquilo soou diferente para mim. O ano era 2012, quando ninguém sabia o que era um podcast!

As pessoas buzinavam e gritavam à minha volta, mas ninguém andava. Estávamos presos. *Hum*, pensei. *Talvez eu pudesse ajudar os outros a se libertar ajudando-os a aprender e melhorar a minha própria vida nesse processo.* Ali nasceu o *The School of Greatness*. Fazer podcasts me ajudou a entregar valor baseado em minhas forças únicas de fazer perguntas e entrevistar pessoas — enquanto avançava em minha Missão Significativa de ajudar os outros a melhorar a própria vida.

Com o passar do tempo, comecei a pensar em maneiras de aumentar e dimensionar esse valor para meu público. Quando lançamos o Greatness Media, se quiséssemos ganhar mais dinheiro, eu teria que me envolver de alguma forma. Falei no evento, treinei um cliente, chefiei a estratégia digital. Saímo-nos bem, mas foi exaustivo e limitou o impacto que poderíamos causar.

Então mudei nosso foco como empresa para criar produtos e serviços escaláveis, que pudessem gerar dinheiro sem meu envolvimento direto constante. Por uma temporada, oferecemos programas de associação e mentoria, para alcançar mais pessoas. Agora investimos mais em nosso alcance, por meio de um de nossos meios de comunicação, e usamos publicidade dinâmica no programa, então precisamos depender de minha disponibilidade para vender outros produtos o tempo todo. Enquanto isso, nosso conteúdo sempre atualizado continua a impulsionar vendas e potenciais clientes. Ser capaz de escalar nosso valor nos permite continuar crescendo, esteja eu dormindo, acordado, viajando, na academia ou em um dia de folga.

Conforme a Greatness Media continua a crescer, continuamos explorando e adicionando novos fluxos de receitas, que não dependem totalmente de mim. Não aconteceu tudo de uma vez. Eu tentei e errei aqui e ali, mas, com tudo isso, aprendi muito sobre como embalar meu valor único para o mundo.

As pessoas tendem a nos valorizar na mesma medida que nós nos valorizamos.

As pessoas tendem a nos valorizar na mesma medida que nós nos valorizamos. Se pensarmos e agirmos como se tivéssemos pouco valor, os outros nos tratarão como se tivéssemos pouco valor. Mas quando você sabe seu valor e confia em compartilhá-lo com o mundo, não se subestimará em nenhuma área de sua vida.

Então, quanto você acha que vale? O que você pode oferecer que causará um impacto? Que problemas você pode resolver? De que maneira você pode servir unicamente aos outros? Mais importante, o quanto as pessoas estarão dispostas a pagar pelo que você está oferecendo? Quais habilidades você tem que poderiam gerar um fluxo de receitas? Olhe para sua situação atual para descobrir qual seria a próxima melhor fonte de receita e comece por aí. Você não tem que se sobrecarregar com cinco novas direções hoje. Comece com uma habilidade e se comprometa a seguir o processo para torná-la excelente.

A ESCADA DE APRECIAÇÃO DE VALOR

Pense neste processo como uma escada que precisa ser escalada. Com seu plano mapeado no Hábito 2, você sabe que muros quer escalar. De acordo com seu plano, antes de começar a escalada, você irá querer primeiro ter certeza de que a escada está encostada no muro certo. Mas quando você estiver pronto para ganhar dinheiro alavancando o seu valor único, eu sugiro que pense nisso em termos da Escada de Apreciação de Valor

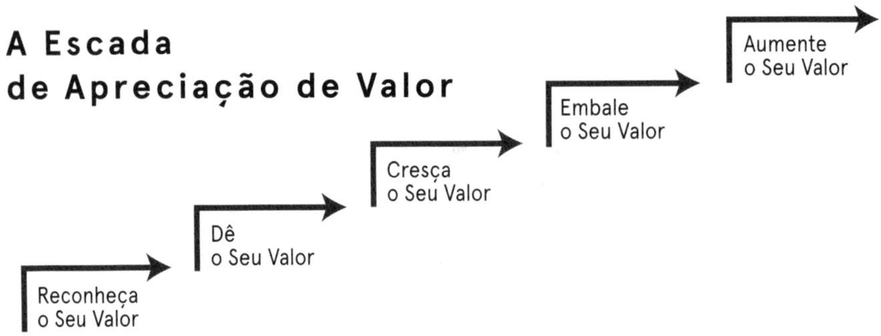

Essa escada ilustra o que quero dizer quando digo que você precisa reconhecer seu valor. Todos os cinco degraus são escalados com o tempo como parte do Hábito de Monetizar. Vamos ver mais sobre cada um deles.

Degrau 1: Reconheça o Seu Valor. Você não pode reconhecer o que não conhece. É por isso que, primeiro, você precisa ver seu valor único e "monetizá-lo" internamente antes de tentar monetizá-lo para o mundo. Pode ser estranho de se ouvir, mas você não precisa de dinheiro para se sentir rico. Na verdade, você pode se sentir rico aprendendo a valorizar quem você está se tornando em cada degrau na escada.

Eu sei: por um lado, este livro é sobre ganhar dinheiro. Mas se você quer uma vida mais rica, deve sempre criar riqueza e abundância interiormente, mesmo quando seu valor ou o do que mais lhe importa não está ligado ao dinheiro. Eu não estou sugerindo que você deve ignorar o dinheiro ou tentar ser pobre para ser feliz; no entanto, primeiro concentre-se durante sua jornada no que o torna rico de coração e aprecie o quanto você cresceu em cada nível à medida em que sobe a escada

Com isso em mente, o primeiro obstáculo para superar o primeiro degrau é a crença de que suas habilidades não são valiosas. Muitas pessoas já desenvolveram habilidades incrivelmente úteis, mesmo que não tenham aprendido como fazê-las valer dinheiro. Talvez você tenha sucesso em um setor e ainda não percebeu que essas habilidades podem ser transferidas para outras áreas. Ou talvez a tecnologia tenha mudado e lhe dado a oportunidade de redirecionar seus talentos de maneiras bem legais.

Mas se você pensa que não tem talentos ou habilidades únicas, garanto que a História com o Dinheiro que você está contando a si não é verdadeira. Quando comecei, não achei que networking e construção de relações eram habilidades valiosas, mas apenas coisas que eu fazia naturalmente. Eu ainda não tinha percebido que essas eram competências que as pessoas estariam dispostas a contratar e remunerar.

Quando percebi, comecei a pensar fora da caixa. Eu criei minha própria pista. Trabalhei intencionalmente para aumentar meu valor de uma forma que me rendesse dinheiro. Consegui monetizar criativamente minhas habilidades, mesmo que inicialmente não houvesse oportunidades de emprego para fazer apresentações.

Para ajudar a identificar quais são essas habilidades para você, considere estas perguntas:

- Que talentos natos os outros veem em mim?
- O que eu faço, natural e facilmente, que os outros parecem apreciar?
- Que traços de minha personalidade ajudaram a abrir novas portas?
- Que experiências me ensinaram algo útil que eu não sabia antes?
- Em quais situações eu me destaco?
- Que problemas eu acredito que posso ajudar a resolver de forma única?
- No que eu sou bom (mesmo que ainda não veja como monetizar isso)?
- O que eu amo e aprecio em mim e no valor que trago para o mundo?

Degrau 2: Dê o Seu Valor. Uma vida rica não é *só* sobre se sentir rico por dentro. O próximo passo é usar suas habilidades para ajudar os outros a viver uma vida rica de forma única. Claramente, esse passo se conecta diretamente com o Hábito de Mentalizar. Não só o Hábito 1 o ajuda a evitar a mentalidade de escassez, como ser generoso com seus talentos também o ajuda a subir o próximo degrau na escada, dando-lhe uma oportunidade de baixo risco para aprimorar suas habilidades.

Quando eu estava começando meu negócio, com frequência busquei formas de adicionar valor para as pessoas de graça. *Aqui está algo que aprendi,* pensei. *Como eu posso usar isso para ajudar aos outros?* Eu fazia isso para ajudar as pessoas a viver uma vida mais ricas, mas isso também enriqueceu a minha vida ao me dar uma experiência valiosa. E se eu errasse, não tinha nada a perder. Como alguém poderia reclamar, se eu não estava cobrando nada?

Seu valor aumenta cada vez que você usa seu conjunto de habilidades para ajudar outra pessoa.

Seu valor aumenta cada vez que você usa seu conjunto de habilidades para ajudar alguém. Eu vi isso acontecer logo após ajudar outra pessoa e ela dizer: "O que você me ensinou irá ajudar o meu negócio a crescer muito. Tome US$100." Agora, a conexão nem sempre é tão direta, mas quando você dá valor aos outros, acaba por ver dinheiro ou algo de valor fluindo de volta para si.

Os benefícios de servir as pessoas podem ir além dos resultados imediatos. Cada vez que você atende um cliente, ajuda um consumidor ou faz um trabalho *pro bono*, há um efeito cascata. Quanto mais pessoas souberem de você e de seu trabalho, mais sua doação de valor pode retornar de maneiras positivas como nunca vistas.

Degrau 3: Aumente o Seu Valor. À medida que você aprende a reconhecer seu valor e o dá aos outros, não pode se contentar com o segundo degrau da escada. Você deve manter seu valor potencial crescendo. Algumas maneiras óbvias de aumentar suas habilidades e aprimorar seus talentos são por meio do aprendizado, dos estágios ou de outras experiências.

Mas um treinamento formal e pontual não é o suficiente. Você precisa manter uma consciência do que está acontecendo no mercado. A indústria muda, a tecnologia evolui e os negócios precisam de mudanças de tempos em tempos. Quando isso acontece, algumas habilidades se tornam mais ou menos valiosas. Ficar no topo dessas mudanças ajuda a saber se você precisa aprender novas habilidades ou reorientar as habilidades atuais para uma nova direção.

Você precisa crescer de uma forma que aumente seu valor com o tempo. Algumas pessoas podem ser boas em uma habilidade e focar nela por um longo período, para se tornar especialistas. Por exemplo, um programador de computador pode concentrar-se em habilidades de codificação e gastar menos energia para desenvolver novas competências. Ao fazer isso, sua habilidade principal pode ser valorizada. Esse tipo de talento especializado é escasso. É como disse Rory Vaden, autor best-seller do *New York Times*, empreendedor e cofundador do Brand Builders Group: "Quando você é difícil de substituir, seu valor aumenta."

Mas há outro lado em se tornar o especialista em apenas uma coisa. Mesmo que seja uma opção viável em sua área, você nunca saberá como mudanças futuras, como a inteligência artificial, podem testar sua capacidade de permanecer relevante. E se você não expandir continuamente sua consciência e seu conhecimento de mercado e não continuar a desenvolver suas habilidades nessas direções, acabará desenvolvendo um conjunto de habilidades que o mercado não valoriza mais.

Degrau 4: Apresente o Seu Valor. Um mito popular diz que se você fornece um grande serviço ou produto, terá sucesso. Mas a verdade é que, embora você possa ter sucesso com isso, não chegará nem perto do sucesso que poderia ter se não aprender a apresentá-lo bem.

Esse degrau na Escada de Apreciação de Valor deve ter quase o comprimento de vários degraus juntos, porque é ele que o destacará rapidamente e de quase todos os outros. Afinal, servir aos outros pode ajudar com essa apresentação de muitas formas, mas se você quiser aproveitar ao máximo o seu valor, deve dominar também a arte do marketing pessoal. Você pode ser o melhor guitarrista, designer ou escritor do mundo, mas se ninguém sabe seu valor, por você não ter sito bem apresentado, seus valiosos ativos não serão vistos por muitas pessoas.

Apresentar seu valor tem tudo a ver com criar uma marca pessoal e alavancar seus relacionamentos para contar bem sua história. É sobre imaginar o que você faz de melhor e, então, transmitir isso ao seu público-alvo de uma forma que ilustre seu valor. Você quer que eles não apenas entendam o que você faz, mas também queiram lhe dar dinheiro por isso, o que significará colocar-se em situações desconfortáveis. As pessoas podem rejeitá-lo, não contratá-lo ou não comprar o que você oferece. Lembre-se de que o fracasso é um feedback e é o meio para o crescimento.

À medida que suas habilidades melhoram, você precisará encontrar pessoas que estejam dispostas e sejam capazes de pagar por elas. Então, para encontrar seus clientes, faça a si mesmo estas perguntas:

- Quem reconhecerá o valor do que estou oferecendo?
- Quem estará disposto e poderá pagar por isso?
- Eles conseguem entender claramente o que estou oferecendo?
- Estou oferecendo isso de uma forma que facilite a compra para eles?

- Quem terá a vida enriquecida pelas habilidades que eu tenho para oferecer?
- Quem terá o maior ganho com meu valor *e* tem a capacidade de pagar por isso?

Todo mundo tem habilidades valiosas, mas nem todos sabem como apresentá-las de uma forma que se destaque. Resumindo, uma ótima forma de se tornar à prova de recessão é melhorar sua marca pessoal.

Degrau 5: Amplie o Seu Valor. Ao descobrir como apresentar seu valor, você estará em posição de escalar o que oferece para ganhar dinheiro fácil. Falarei mais sobre esse aumento no Hábito 6: O Hábito de Mobilizar. Por ora, saiba apenas que você não chegará lá até dar os quatro primeiros passos para se preparar para uma vida mais rica — e ganhar mais dinheiro fazendo isso.

Uma coisa a ser observada sobre o processo de monetização de seu valor é que não é algo que acontece apenas uma vez. É um músculo que você desenvolve e requer manutenção contínua. Tal qual um atleta treinando, você deve fazer repetições, superar a resistência e se esforçar para fazer coisas que não conseguiria realizar antes. Para uma monetização efetiva no longo prazo, muitas vezes você deve começar a escalada do zero de novo. Mas a cada vez que você o faz, se torna melhor.

Tenha em mente que, em vez de *subir* um degrau, você está *construindo* a partir dele. Conforme adquire novas habilidades e supera cada obstáculo, você adquire competência, o que lhe dá a confiança para fazer mais com as habilidades que já tem. Isso permite que você aumente cada vez mais sua marca pessoal conforme avança.

Não se esqueça de continuar "monetizando internamente" seu valor a cada degrau. Olhe para trás com frequência para apreciar onde você está agora, em comparação a onde estava antes. Isso o ajuda a evitar a armadilha da comparação, para que possa crescer a partir de uma mentalidade autêntica de abundância para todos.

Umas palavras de atenção e esclarecimento: primeiro, não espere até sentir que tudo está perfeito para começar a distribuir seu valor.

Muitas pessoas ficam presas, tentando ter o site, logotipo ou produto perfeitos antes de começar. Em vez disso, simplesmente procure servir alguém com suas habilidades. Siga adiante para encontrar o cliente ou consumidor que esteja disposto a trocar por dinheiro aquilo que você tem a oferecer. Mostre seu valor, transforme-o em resultados reais e estará dando um passo significativo para monetizar suas habilidades.

Segundo, saiba que as pessoas são bem diferentes. Nem todas se encaixam perfeitamente no mesmo lugar. Algumas podem querer perseguir uma causa com a qual se importam e se voluntariar enquanto trabalham em outro lugar. Outras podem procurar uma empresa cuja missão as entusiasma e que lhes permita usar seus talentos nessa missão. E ainda há outras que querem empreender e apresentar valor em um produto ou serviço que sirva aos outros.

Se você acha que pode querer empreender, mas tem medo de fazer isso sozinho, pergunte-se *por que* você realmente quer fazer isso. Você acha que pode se arrepender de não ter feito? Se você não tem um motivo convincente para motivá-lo, existe alguma empresa na qual trabalhar, aprender e desenvolver habilidades enquanto é pago?

Nenhuma história é igual à outra, então faça uma avaliação sincera. Descubra o que funciona para você no momento atual e com a História com o Dinheiro que você deseja viver.

REDEFININDO O OURO

Uma coisa que impede muitos de apreciar seu valor é algo bem simples: o medo. Como atleta de alto rendimento, experimentei regularmente o medo do fracasso. É um medo natural. É claro que ninguém quer falhar. Mas, muitas vezes, admitimos erradamente que a satisfação e a realização que desejamos só podem vir da vitória.

Eu me surpreendi ao descobrir que, mesmo quando ganhava, muitas vezes, me criticava internamente pelo que poderia ter feito melhor. A satisfação não estava ali. A vitória parecia vazia e oca. Somente quando consegui adotar uma mentalidade de crescimento, em vez de uma de perfeccionismo, é que percebi que o processo poderia ser tão benéfico e satisfatório quanto o resultado.

Quando joguei na seleção norte-americana de handebol, nosso objetivo era a classificação para as Olimpíadas. Trabalhamos durante oito anos para esse objetivo e não o alcançamos. Mas quem eu me tornei ao longo desse período? Esse é o prêmio. Durante esse tempo, ganhei disciplina e a capacidade de definir metas e trabalhar duro para alcançá-las. Essas habilidades me ajudaram a me tornar uma pessoa e um empresário melhor. Mesmo que você não atinja suas metas, o processo vale a pena. (Mas sim, eu ainda amo vencer!)

Como diz Allyson Felix diz: "Nem sempre o sucesso significa a medalha de ouro. Você pode trabalhar muito nesse período e ter sucesso sem ter a coisa que é tipicamente definida como sendo a melhor."[1] E isso é verdade.

Rachel Rodgers, uma empresária de enorme sucesso em tudo hoje em dia, candidatou-se a estágio com noventa juízes diferentes e vários escritórios de advocacia só para receber rejeição após rejeição. Durante o recesso de 2008, quando o mercado estava altamente competitivo e poucas pessoas estavam sendo contratadas, a realidade era a de que ela não estava no topo de sua classe. Embora tenha sido uma época difícil, quando Rachel a relembra, chama isso de uma experiência incrível de aprendizado e crescimento: "Ser capaz de suportar a rejeição e não desmoronar diante dela é uma das melhores habilidades do mundo."[2]

Você não precisa deixar que o medo o impeça de compartilhar seu valor com o mundo. Você pode e irá se recuperar do fracasso e da rejeição. E você pode aprender com isso, usar o que aprendeu para construir sua confiança e tentar de novo. Às vezes, tudo de que você precisa para garantir que seu valor continue a crescer é uma firme crença em si mesmo de que pode superar qualquer obstáculo que a vida lhe traga.

A dúvida é a assassina dos sonhos. Então, como construir a confiança enquanto atravessa a jornada para se tornar a pessoa que você deveria ser? A única coisa entre você e seus sonhos é *você*! Isso mesmo: não é a falta de tempo ou de dinheiro, muito menos as pessoas em sua vida — é você.

Organize as mensagens que você recebe, inclusive as suas. Às vezes, há vozes internas que lhe dizem coisas como *eu não mereço isso ou eu não consigo fazer isso*. Katy Milkman, da Wharton School, chama isso de "barreiras internas." Elas são baseadas em experiências passadas ou apenas no medo do fracasso em geral.

A dúvida é a assassina dos sonhos.

Por sorte, há uma forma de superar essas barreiras, e o processo começa com pequenos passos. Primeiro você precisa acreditar que pode superar qualquer barreira. Essa mentalidade de crescimento e a crença de identidade interna são essenciais para navegar pelos fluxos e refluxos da vida. O efeito placebo não é somente uma coisa que você vive no mundo médico — o que você acredita sobre si e sobre suas habilidades afeta sua realidade diária.

O que você acredita sobre si tem muito a ver com as pessoas de quem se cerca. Para criar uma mudança positiva e adquirir confiança, Katy sugere encontrar alguém ou um grupo de pessoas que podem ajudá-lo de várias formas. Você precisa de pessoas que lhe deem um feedback positivo, criem uma estrutura social sólida em torno de você, lhe permitam ajudar aos outros como uma equipe e forneçam oportunidades para que você tanto oriente quanto seja orientado pelos outros.

Mesmo que você não tenha confiança, sempre há alguém que sabe menos que você. Ajudar os outros a chegar onde você está aumenta a confiança. Você percebe que tem o que é preciso para avançar em direção aos seus objetivos e ajudar outras pessoas ao longo do caminho.

Existem várias maneiras de fortalecer sua autoestima, mas é um processo passo a passo. Eu não conheço nada grandioso que tenha sido construído em um dia.

Algumas maneiras de fortalecer sua autoestima podem incluir:

- Ler livros de autoajuda.
- Participar de workshops de desenvolvimento de competências.
- Obter coaching de vida ou de mentalidade.
- Meditar todos os dias.
- Fazer terapia.
- Encontrar mentores orientadores.
- Desenvolver relacionamentos sólidos com pessoas boas.
- Praticar o diálogo interno positivo.
- Fazer algo que você possa dominar.

Se você tem dificuldades com a autoestima, considere escolher uma ou duas dessas técnicas. Defina uma data limite e até dê um incentivo a si mesmo para cumpri-las. Você ficará surpreso ao ver como sua capacidade de apreciar seu próprio valor é aumentada ao fortalecer intencionalmente seu senso de autoestima.

Preste atenção nisso: seu valor começa com como você se vê. Não importa o que aconteça, você tem que estar disposto a agir para ganhar confiança. Não há investimento melhor a se fazer do que em sua autoestima. Como diz o ditado, "quando você aprender o quanto vale, vai parar de dar desconto às pessoas ". (Ou vai parar de deixar as pessoas o desvalorizarem.)

Vou mais além: você finalmente começará a se apreciar pela pessoa valiosa que é.

SEU ESQUEMA

Exercício 1: O que É Fácil para Mim que É Difícil para os Outros?

Todos temos talentos, dons e capacidades que são fáceis para nós. Tão fáceis, de fato, que frequentemente nos esquecemos de que são ativos valiosos. Para esse exercício, é hora de se gabar novamente e mapear o que é fácil para você. Use os *prompts* a seguir para começar.

- O que você pode fazer que seja tão envolvente a ponto de você se perder por horas na atividade, como fazia quando brincava quando criança?
- Qual é uma coisa complicada que você conhece tão bem que poderia fazer de olhos vendados? Escrever uma história, fazer cheesecake, consertar uma torneira, ou outra coisa?
- Quando as pessoas lhe pedem ajuda, o que é mais provável que elas queiram que você faça?
- O que você gosta de fazer de tal forma a ponto de ter desenvolvido um kit de ferramentas pessoal para finalizar esses trabalhos?
- Que atalhos ou dicas você oferece às outras pessoas que trabalham nas mesmas áreas que lhe interessam?

O que é fácil para você provavelmente é difícil para os outros. E é possível que esses outros fiquem felizes em pagar pela sua ajuda, para tornar a vida deles mais fácil. Quando você vê essas capacidades escritas, preto no branco, isso o ajuda a elevar e atribuir seu valor e fortalece seu Hábito de Monetização

Exercício 2: Dê um Desconfortável Passo Adiante

As melhores ideias do mundo custam zero dólares até serem levadas em uma desconfortável jornada para o futuro. O primeiro passo é identificar sua oferta e onde você pode fornecer o maior valor. Você pode fazer isso combinando suas respostas do Exercício 1 com as destas perguntas:

- Que pessoas reconhecerão o valor do que você está oferecendo?
- Você tem uma razoável certeza de que elas estarão dispostas e poderão pagar por isso?
- A sua oferta é clara e fácil de entender?

Quando o alinhamento dessas respostas estiver claro, você estará pronto para dar um potencial e desconfortável passo adiante. Pode ser perguntando às pessoas se elas pagariam pelo seu serviço, investiriam em seu Kickstarter, ouviriam sobre seu lançamento ou dariam um feedback sobre sua oferta. Agora vamos fazer um brainstorming de uma lista de pessoas que você acha que poderiam estar dispostas a investir em você.

1. ______________________ **6.** ______________________

2. ______________________ **7.** ______________________

3. ______________________ **8.** ______________________

4. ______________________ **9.** ______________________

5. ______________________ **10.** ______________________

Lembre-se de uma coisa: se você já finalizou o trabalho de determinar o que traz para a mesa e identificou pessoas que conhece e que realmente se beneficiariam com sua oferta, este passo não será desconfortável por muito tempo. Será empoderador! Seja corajoso e se exponha.

CAPÍTULO 9

HÁBITO 4: O HÁBITO DE PROGRAMAR

Encontre os Seus Relacionamentos Influentes

Em dado momento, pensei que o futebol fosse meu caminho futuro para ganhar dinheiro. Mas depois de uma cirurgia por ter quebrado o pulso em um jogo, fui forçado a me adaptar. Aquela lesão me deu a vida que tenho hoje. Também me ensinou várias lições, embora não da forma que você imaginaria.

Se você já usou gesso, sabe como ele pode ficar nojento. Para ajudar na cura de meu pulso, tive que usar gesso do ombro até a mão durante seis meses. Não havia como limpá-lo. Quanto mais eu usava, mais nojento e malcheiroso ficava — foi totalmente asqueroso.

Sempre que roçava em outra parte de meu corpo, a sua textura áspera deixava arranhões. Aquilo me deixou maluco. Eu tinha que fazer acrobacias para conseguir vestir qualquer camisa de manga comprida ou moletom. Sei que ele estava ali para proteger meu braço lesionado, mas passei a vê-lo como um mal necessário a ser suportado.

Naquela época, a Amazon e o Ebay estavam decolando, e fiquei fascinado ao descobrir como outras pessoas conseguiam criar negócios a partir de uma ideia e, depois, comercializar um produto online. O mais impressionante é que as pessoas pagavam por algumas dessas ideias malucas. No natal de 2007, ganhei um livro. Eu nem imaginava que ele abriria minha mente para mais possibilidades. Era o *Trabalhe 4 Horas por Semana*, de Timothy Ferriss.

O problema com o gesso levou à minha primeira ideia para um produto, e o livro de Tim me levou a um site, onde encontrei um negócio que poderia ajudar a criar meu produto.

De alguma forma, consegui guardar US$70, que utilizei para fazer um protótipo. Eu precisava criar uma manga independente, com um buraco para o polegar. Tinha que ser longa o suficiente para cobrir todo o gesso e larga, para se ajustar confortavelmente sem deslizar ou dificultar a colocação. E queria que fosse macia, como uma munhequeira, e que tivesse duas camadas de material. Mandei o design para a empresa, transferi o dinheiro e esperei seis semanas para que meu protótipo fosse enviado.

Quando as amostras chegaram, abri a embalagem e coloquei a primeira manga sobre o gesso. Era exatamente o que eu queria! Eu tinha uma manga limpa e macia sobre aquele gesso nojento, e me lembro de pensar: *Eu deveria começar a vender isso!* Por acaso, uma amiga conhecia um inventor perto de mim, em Columbus, Ohio. Ela nos apresentou e, uma semana e meia depois, eu usei minha invenção em nossa primeira reunião.

O inventor era mestre em criar produtos e licenciá-los — ele tinha toda a experiência e expertise que eu estava buscando. Ele se ofereceu para ajudar com minha invenção se eu fizesse um estágio de seis meses com ele. Concordei animadamente. Não fiz dinheiro com o estágio, mas ele me ensinou tudo, de design gráfico a vendas e marketing. Parte de meu "pagamento" foi ter a oportunidade de fazer uma caminhada de uma hora por semana com ele e perguntar sobre qualquer coisa. Cheguei a ser uma mosquinha durante as reuniões de sua equipe e aprendi muito só de ouvir. Eu consumia informações em grandes goles, absorvendo tudo o que podia.

Fomos a feiras comerciais, onde aprendi a criar relações com os fornecedores. Conversamos sobre apresentação, sobre como dar nomes aos produtos — tudo o que formou as bases do que sou hoje.

Tal experiência me ensinou o poder das conexões na aquisição de conhecimento e expertise de que eu precisava para triunfar. Também me colocou no caminho para escrever este livro, porque aquele mentor era Chris Hawker, o mesmo que me disse aquelas palavras poderosas: *O dinheiro vem até você quando você está preparado para ele.*

Nada fez tanta diferença em minha carreira e em meu crescimento pessoal do que desenvolver conexões autênticas com pessoas que estavam poucos (ou até muitos) passos à frente de mim. Você pode chamá-las de mentores de dinheiro, embora eu não persiga um relacionamento com a intensão de fazer dinheiro. Optei por inverter um ditado popular e fazer as coisas de forma diferente: não perguntei o que minhas conexões poderiam fazer por mim, mas o que eu poderia fazer por elas.

PERGUNTE O QUE VOCÊ PODE FAZER

Toda relação começa com algum tipo troca de valor. Quando decidimos prestar um serviço para outra pessoa, geralmente esperamos algo satisfatório em troca. Um pai abre mão de seu tempo para dar aos filhos o benefício do cuidado e do apoio de que eles precisam. Da mesma forma, quando trabalhamos, aceitamos uma tarefa para, em troca, sermos pagos pelo nosso tempo, nossa expertise e nossos esforços.

O jogador de futebol, o ator e o empreendedor investem centenas ou milhares de horas preparando o grande momento que beneficiará seu jogo, sua audiência ou seu cliente. Esse investimento pode ser um risco financeiro significativo, mas eles assumem esse risco na esperança de colher um grande benefício. Quase todos os relacionamentos saudáveis vêm com esse equilíbrio de ônus e bônus.

Sua relação com o dinheiro também tem seus ônus e bônus. O dinheiro pode ser uma ferramenta incrível, mas quando assumimos todos os ônus, ficamos infelizes. E quando nossa relação com ele é só sobre nós e nunca o agradecemos, ele passa a não querer ficar conosco. Ambas as situações se tornam perdas insustentáveis.

Entretanto, quando você pega os princípios saudáveis que aprendeu em seu relacionamento com o dinheiro e os aplica no relacionamento com as outras pessoas, o impacto pode ser incrível.

SEJA A PONTE

Meu pai vendeu seguros de vida por 32 anos, antes do acidente de carro que acabou com sua carreira. Ele era um empresário e lançou o seguro de saúde vertical, em conjunto com a Northwestern Mutual Life Insurance. Minha abordagem para enriquecer minhas conexões baseia-se nas coisas que o vi fazer antes da existência das mídias sociais e da internet.

Ele era sensacional para lembrar os nomes das pessoas e dos membros da família. Não era insistente na tentativa de vender para os outros. Em vez disso, se conectava genuinamente com eles, em um nível pessoal. E, se eles o buscavam para comprar seguro, eventualmente, o relacionamento já estava em uma base sólida. Mas ele não tentava obter dinheiro das pessoas.

Todos os dias, meu pai lia o jornal local e buscava formas de animar e celebrar com os membros da comunidade. Não importava se era cliente ou não; se estava no jornal e ele conhecia a família, enviava o recorte da notícia, com uma carta escrita à mão, finalizando com um "me avise se eu puder ajudar em algo".

Ele estava sempre aparecendo— se reunindo só para falar e buscar formas de servir aos outros. Quando eu estava começando minha carreira, fiz o mesmo, mas sem os recortes de jornal. Eu procurava as pessoas com quem eu queria aprender e perguntava se precisavam de minha ajuda para finalizar mais rápido aquilo de que elas precisavam, sem pedir nada em troca. Como esses diferentes relacionamentos cresceram e se desenvolveram com o tempo, criei amizades duradouras, baseadas no respeito mútuo.

Como mencionei anteriormente, fui ao meu primeiro grupo de mastermind com essa mentalidade de servir. Eu dei e entreguei, sem esperar nada em troca. Como resultado, me pediram para fazer webinars e outras promoções, que geraram US$250 mil — cerca de metade do que eu e meu sócio conseguimos em venda no ano anterior inteiro! Não fui com a mão estendida; eu ofereci uma mão a mais.

Muitas vezes, quando eu oferecia ajuda às pessoas, não tinha a habilidade para resolver o problema delas em particular. Isso não era problema. Minha ideia, nesses casos, era simplesmente ser a ponte que elas queriam, para ajudar no que precisavam. *Quem eu conheço que entende desse assunto e pode ajudar?* Essa disposição de ser a ponte me fez entrar em contato com as conexões à medida que eu cultivava os relacionamentos.

Tive de continuar repetindo meu valor e buscando maneiras de fazer mais apresentações ou de agregar valor diretamente, com minhas habilidades crescentes. Fiz isso milhares de vezes, e nem todas, ou mesmo a maioria, resultaram em dinheiro para mim. Mas, eventualmente, as oportunidades começaram a aparecer, por causa de minha disposição em ser generoso. Conforme eu servia às minhas conexões, mais e maiores portas se abriam. Não fazia isso com uma mentalidade transacional, mas é assim que o universo funciona, na maioria das vezes. Se você divulgar o bem, atrairá o bem de volta.

Então, se você quer fazer mais conexões que o ajudem a ganhar mais dinheiro, minha sugestão é: primeiro, identifique com quem você quer se conectar. Reveja o Hábito de Mapear (Capítulo 7) para ver o destino que você tem em mente. Então, faça as seguintes perguntas iniciais:

1. Quem já fez pelo menos parte do que eu quero fazer?
2. Quem pode ter o dinheiro ou a expertise para me ajudar?
3. Quem poderia ser a ponte ou fazer as conexões que poderiam me ajudar?

Sugiro gerar uma lista de cinco a dez nomes e expandir conforme avança. Lembre-se de que isso não é sobre encontrar pessoas de quem você pode ganhar alguma coisa. Depois de descobrir quem são essas pessoas, você deve se concentrar primeiro em oferecer um ou vários benefícios, para ajudá-las a obter o que desejam. Como disse Zig Ziglar: “Você pode ter tudo o que quiser na vida apenas ajudando um número suficiente de outras pessoas a conseguirem o que desejam.”

Descobri que o que chamo de Perguntas Iniciais de Serviços são ferramentas poderosas para iniciar uma conversa:

1. O que você está mais animado para criar, desenvolver ou se tornar na vida neste momento?
2. O que você vê como o maior desafio para chegar lá?

3. Como você se sentirá quando superar esse desafio de realizar o que deseja?

As pessoas lhe revelarão muito a partir de como responderão a essas três perguntas. Se você ajudar a superar o desafio que as impedem de criar, desenvolver ou ser o que querem, você se tornará um benefício para elas. Se puder fazer isso com rapidez ou fornecendo uma habilidade ou serviço incrível, melhor ainda.

Você não precisa ser pago por isso. Pense nisso como uma ajuda a um amigo. Quanto mais você encontrar soluções para eles, mais se valorizará e eles o valorizarão. No pior dos casos, se eles não apreciarem seu valor, ao menos você terá se tornado uma pessoa melhor por ter servido aos outros, o que provavelmente o tornará mais atraente para tudo o que é bom no mundo.

A ALAVANCA DE SERVIÇO PARA O VALOR

Como o autor de sucesso, chefe de negócios e famoso apresentador de podcasts Patrick Bet-David compartilhou comigo, nunca se sabe onde ou quando essas conexões podem dar frutos. Uma dessas relações começou quando Patrick foi para uma entrevista de emprego, aos vinte anos de idade. Durante a entrevista, ele decidiu que não estava interessado em trabalhar para a empresa, mas sim em aprender mais com um entrevistador em particular e, assim, pediu seu cartão.

Alguns anos depois, Patrick procurou o entrevistador. Eles se encontraram para almoçar a cada três ou seis meses, só para conversar. Após cada encontro, Patrick perguntava se havia algo que podia fazer por ele. Ele servia onde podia e sempre lhe enviava cópias do último livro que havia publicado. Anos depois, isso mesmo, *anos*, quando Patrick começou seu próprio negócio, recebeu uma indicação do entrevistador. Mas, como ele me disse, essa única indicação o ajudou a abrir todo o estado da Flórida para o crescimento de seu negócio. De acordo com Patrick, ao adotar uma abordagem de serviço e investir primeiro na pessoa, o dinheiro veio em sua direção.

Seu valor sempre está relacionado ao número de pessoas que você atende e o quão bem você pode atendê-las. Atendeu mais? Seu valor aumenta. É assim que funciona o autêntico networking.

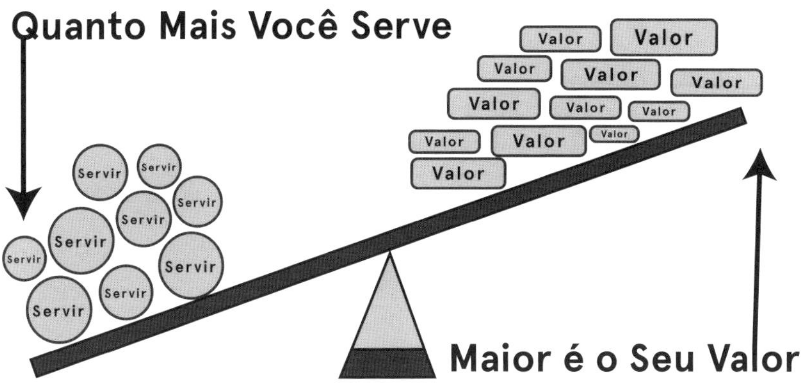

O apoio é diferente para cada um. Talvez você possa apoiar as pessoas de sua rede ao comparecer aos seus eventos ou promovendo seu próximo projeto. Pergunte do que elas precisam e, então, siga com o que você aprendeu. Você também deve informá-las sobre como podem ajudá-lo. Convide-as para um evento que você sabe que elas gostariam e com o qual você tem uma conexão. Dê recomendações que elas podem achar interessantes. Envie mensagens de texto ou uma nota de agradecimento em ocasiões aleatórias, sem que haja um pedido.

Se você for inconsistente, as pessoas simplesmente não investirão em relacionamentos de longo prazo com você. Elas querem ser amigas de pessoas de verdade. Quanto mais você for autêntico e confiável, mais autênticos serão esses relacionamentos. A boa notícia é que todos podem fazer isso, inclusive você, se praticar os hábitos certos e agir com a intenção certa.

As pessoas com quem você quer realmente trabalhar são as pessoas que realmente querem trabalhar com você.

Lembre-se de que isso leva tempo. Relações de qualidade não acontecem da noite para o dia, mas o fato de se mostrar consistente para as pessoas no longo prazo é muito importante. Se você quer manter seus relacionamentos, apareça, mantenha sua palavra, seja uma boa pessoa e sempre pense em como você pode agregar valor.

É muito provável que você seja como eu e queira relacionamentos saudáveis. A boa notícia é que a maioria das pessoas é igual. Seja você mesmo. Dê aos outros o dom de seu verdadeiro eu, para que eles saibam que também podem ser eles mesmos.

O relacionamento irá para outro nível quando nenhum dos dois estiver se exibindo — e o esforço será bem menor. As pessoas com quem você quer realmente trabalhar são as pessoas que realmente querem trabalhar com você.

ENCONTRE OS SEUS MENTORES FINANCEIROS

Autenticidade e vulnerabilidade são as chaves para criar relacionamentos duradouros com as pessoas cuja autoridade e nível de sucesso lhe pareçam aspiracionais. Cerque-se de pessoas e mentores que podem ajudá-lo a começar conversas sobre dinheiro. Conheça a mentalidade dessas pessoas, como elas abordam o investimento e a construção de seu patrimônio e muito mais.

Estou sempre conversando com pessoas que tiveram um sucesso financeiro enorme, para aprender com elas e refletir isso naquilo que quero mudar e melhorar em minha vida. É por isso que amo participar de grupos de mastermind.

Os masterminds são grupos coletivos de indivíduos voltados para o crescimento e com algum ponto em comum. As pessoas os procuram para fazer networking e ajudar os outros através da colaboração e compartilhando uma base de conhecimento ou um conjunto de habilidades. Eles também podem ajudá-lo passando sua mensagem para suas audiências.

Se você está com dificuldades para pagar as contas ou tentando curar sua relação com o dinheiro depois de se endividar, não recomendo que se endivide ainda mais para participar de um grupo de mastermind. Pode ser mais benéfico procurar programas locais de mastermind ou grupos de networking de negócios no Rotary Club, na câmara de comércio local ou em grupos de networking de negócios.

Dito isto, a maioria dos grupos de mastermind não exige que você se endivide. Há diferentes tipos de masterminds baseados nos níveis de receita. Ou você pode começar com um grupo simples de mastermind de dinheiro com um clube de leitura que se reúne uma vez por mês para discutir um livro sobre dinheiro de sua escolha. Vocês podem começar com o *Ganhar Dinheiro É Fácil* como um guia e seguir com os exercícios ao final dos capítulos para se apoiarem mutuamente à medida que curam suas feridas com o dinheiro e rompem as barreiras da mentalidade financeira.

Como uma via de mão dupla, as pessoas do grupo desejarão que você traga seu melhor, para que elas possam dar o melhor de si. Isso significa que todo grupo lhe oferece a oportunidade para se tornar o melhor e receber o melhor dos outros. Foi assim que eu comecei — um clube do livro de mastermind totalmente grátis que estava lendo *Pense e Fique Rico*. Era apenas uma forma de as pessoas criarem um network e falarem sobre os conceitos do livro.

Depois de trabalharem juntos no primeiro livro, vocês terão um grupo bem estabelecido de pessoas que estão abertas a conversas sobre o dinheiro. Vocês terão responsabilidade à medida que continuarem a aprender mais. Terão um grupo que os tirará da zona de conforto e os ajudará a ter mais conhecimentos financeiros. Entre seis meses e um ano, vocês terão muito mais conhecimento e confiança e serão levados para a próxima mastermind, ou poderão continuar a expandir o grupo fazendo networking com pessoas da região ou convidando um palestrante.

Toda vez que invisto em ir a um mastermind com pessoas de um nível diferente do meu, tiro pelo menos uma nova ideia ou faço uma conexão que acaba sendo mais valiosa do que o dinheiro que investi. É sobre estar perto de pessoas que estão fazendo as coisas que você quer fazer e aproveitar a chance de aprender sobre o que os outros superaram. Ao descobrir o que eles estão fazendo para acelerar seus cronogramas, você começa a ver novas possibilidades para si mesmo e para sua empresa.

Ao chegar ao ponto de poder investir em masterminds de alto nível, acredito que algo é desbloqueado dentro de você. Ao menos foi o que aconteceu comigo. Eu me senti inspirado. Estava muito presente e concentrado. Não quero dizer que estar perto de pessoas mais ricas do que você significa que você ganhará mais dinheiro automaticamente. Mas estar lá deve ajudá-lo em sua própria capacidade de ganhar dinheiro.

Depois de pesquisar e encontrar o grupo de mastermind ideal, é hora de agir. Encontre maneiras de agregar valor ao grupo. Apareça e crie pontos de conexão. Os masterminds podem criar um certo nível de urgência para fazer com que funcione, porque você está envolvido no jogo. Você pode se lembrar de que deseja obter um retorno sobre seu investimento e isso o ajudará a ver o valor de participar ativamente.

É normal se sentir desconfortável quando você se junta a um grupo e se vê rodeado de pessoas novas. Isso é crescimento. Se você chegou ao ponto de compartilhar informação e se sentiu a pessoa mais inteligente da sala, pode ser hora de convidar novas pessoas que estão um nível ou dois acima do seu para conversar. Isso o ajudará a se desenvolver e se sentir humilde, ao mesmo tempo.

Uma vez que você tenha a intenção de envolver sua rede de forma autêntica, é hora de adicionar o próximo hábito e aprender como levar outras pessoas a se envolverem em sua visão.

SEU ESQUEMA

Exercício 1: Ofereça Ajuda

Se você quiser fazer mudar o equilíbrio na escala de valores, deve começar a servir aos outros. Comece identificando quem você conhece e se ofereça para ajudar. Faça uma lista de dez pessoas que conhece e que poderiam usar o tipo de ajuda que você pode fornecer. Na segunda coluna, escreva o que sabe sobre as metas e obstáculos delas. Por fim, na terceira coluna, escreva uma forma prática e concreta de ajudar ou agregar valor a cada uma delas.

Use essas perguntas para estimular seu pensamento sobre maneiras de servir:

- O que eu sei e que elas precisam saber?
- O que posso fazer para conectar essas duas pessoas de uma forma que ambas se beneficiem?
- Qual é a necessidade que vejo que elas têm e para a qual posso oferecer uma resposta?
- Qual é a Missão Significativa delas?
- Como posso ajudá-las a promover a própria Missão Significativa?

Nome	Metas/Obstáculos	Como Eu Posso Ajudar
Britt Anderson	Deseja atender a organizações sem fins lucrativos com seu serviço de coaching/ precisa ampliar suas conexões.	Posso conectá-la ao meu amigo Dale, que apresenta um podcast para líderes de organizações sem fins lucrativos.

Agora vem a melhor parte. Reserve um momento para mandar mensagens, e-mails ou ligar para cada pessoa na lista e simplesmente ofereça ajuda. Pode levar um tempo para elas entenderem sua oferta, mas diga que você está tentando trabalhar seus músculos da generosidade. Ouça o que elas dizem e, depois, aja. Se elas parecerem interessadas, ofereça-se para realizar a etapa específica que você escreveu na terceira coluna, sem pedir nada em troca.

Isso o ajudará a desbloquear algo em si e dirá ao universo que você é um bom administrador do que tem e que está pronto para receber mais.

Exercício 2: Comece um Mastermind de Dinheiro

Você não precisa gastar rios de dinheiro em seu próprio mastermind. Na verdade, pode fazer de graça. Pesquise no Google uma lista de cinco livros sobre dinheiro de seu interesse e, para cada livro, escreva o nome e o que o interessou nele.

1. **Exemplo**: *Dinheiro: Domine esse Jogo*, de Tony Robbins. Eu me interessei por este livro por recomendação de meus amigos Thomas e Finola. Eles são algumas das pessoas mais bem-sucedidos financeiramente que conheço.
2. ______________________________
3. ______________________________
4. ______________________________
5. ______________________________
6. ______________________________

Agora pense em um grupo de quatro a seis pessoas que você gostaria de convidar para ler esses livros com você e se reunir pessoalmente ou virtualmente, por vídeo, para discutir o assunto.

1. ______________________________
2. ______________________________
3. ______________________________
4. ______________________________
5. ______________________________
6. ______________________________

Procure-os e convide-os para o seu mastermind de dinheiro. O que é agendado é feito. Portanto, anote as datas de suas reuniões no calendário para manter a responsabilidade. Quando vocês se reunirem, conversem sobre as lições que aprenderam no livro e prestem atenção ao que se destaca nos outros. À medida que aprofundarem sua confiança, tenham conversas autênticas e vulneráveis e procurem maneiras de servir bem uns aos outros.

CAPÍTULO 10

HÁBITO 5: O HÁBITO DE PERSUADIR

Torne-se um Artista da Persuasão

Quase tudo de bom na minha vida aconteceu porque eu empreguei o Hábito de Persuadir. É uma afirmação e tanto, eu sei, mas é verdade. O Hábito 5 é sobre o poder da persuasão — a arte de convidar os outros para subirem a bordo do que quer que você esteja fazendo. Todas as oportunidades de que desfrutei, não apenas para ganhar dinheiro, mas também nos esportes, negócios e relacionamentos, surgiram porque aprendi a persuadir e levar os outros a acreditar e seguir minha visão de alguma forma.

Na época em que meu maior sonho era competir nos esportes profissionais, eu sabia que um bom primeiro passo era me tornar um atleta all-American.* E se quisesse chegar lá, precisava contratar um treinador para me orientar. Convoquei quem eu realmente queria para me apoiar em eventos de atletismo e apresentei minha visão a ela. Em seguida, me arrisquei e assumi o compromisso: "Farei tudo o que você mandar."

Isso atraiu a sua atenção. "Tudo bem", ela respondeu. "Existe uma chance de você se tornar um all-American, mas terá que fazer *tudo* o que eu mandar, pelos próximos seis meses."

---

* All-American Athlete — Título honorário aos atletas universitários que se destacam em seus esportes. [N. do T.]

Mantive minha palavra, dedicando todo meu tempo e energia naquela meta. Sacrifiquei muito tempo com os amigos e perdi vários eventos legais, mas minha treinadora sabia que eu estava falando sério e estava disposto a aprender com ela, ao invés de fazer as coisas de meu jeito. Como resultado, me tornei all-American duas vezes, no atletismo e no futebol.

Eu meu último ano de faculdade, fui para a seleção de olheiros da Ohio State com uma mochila cheia de DVDs de meus melhores momentos. Entreguei um para cada olheiro da NFL no evento e me apresentei: "Olá, eu sou Lewis. Quero muito uma oportunidade. Poderia me dar o seu cartão?" Fiz um acompanhamento com cada um deles, mostrando quem eu era e o que poderia oferecer em campo.

Consegui testes tanto para o Cleveland Browns quanto para o Buffalo Bills. Não entrei em nenhum dos dois, mas uma pessoa que conheci naquele encontro entregou meu DVD para um treinador, e isso me deu a oportunidade de jogar futebol profissional na Arena League.

Esse é o poder da persuasão: estar disposto a se expor e transmitir a outras pessoas que você está pronto para a possibilidade de maiores oportunidades. O trabalho árduo e as longas horas de trabalho, com a obtenção consistente de resultados de alto nível, foram muito importantes para aqueles que me observavam. Ao abraçar a crítica construtiva visando melhorar, isso mostrou a eles que eu não estava brincando. Escolhi estar totalmente presente com meus técnicos, recrutadores, outros jogadores e minha equipe.

Minha paixão e meu compromisso responderam às perguntas não feitas sobre se eu valia o tempo, recurso e a igualdade relacional deles. Veja bem, a persuasão é mais do que somente carisma ou habilidade com vendas. É como aparecer para demonstrar que você está confiante em seus objetivos e convidá-los a se juntar a você nessa visão. Quanto mais animado você estiver com o que está fazendo, mais pessoas ficarão animadas em trabalhar com você.

MOVIDO PELA PAIXÃO

A persuasão começa com a paixão e se expande para preencher sua missão. Ed Myllet, empresário, coach e autor do best-seller *O Poder de Ir Além*, é uma das pessoas mais persuasivas que já conheci. Quando perguntei como ele aprendeu a arte da persuasão, ele disse que leu um livro chamado *Selling the Dream*, de Guy Kawasaki:

> A premissa do livro era a de que os grandes líderes são adeptos de sua causa. Eles vendem um sonho grande o suficiente para que os sonhos de todas as outras pessoas sob sua administração possam caber dentro do sonho que estão vendendo. Os grandes persuasores aprendem a vincular sua causa e sua missão à felicidade de outra pessoa.[1]

Quando conheci Joel Comm, pioneiro da internet, autor de best-seller do *New York Times*, palestrante principal e estrategista de mídias sociais, eu não era ninguém e com apenas dois minutos para falar com ele em uma conferência em que ambos estávamos palestrando. Mas eu o atraí quando expliquei por que acreditava que o LinkedIn seria, em breve, uma plataforma de mídia social a ser usada nos negócios. Sinceramente, não achei que tivesse causado um grande impacto naquela conversa de dois minutos. Na minha cabeça, eu era apenas um jovem desconhecido que teve a oportunidade de conversar com uma pessoa altamente motivada e bem-sucedida. Alguns meses depois, no entanto, ele me mandou um e-mail oferecendo uma oportunidade para me juntar a ele como palestrante em um workshop online em uma mídia social. Ele disse que, porque eu falei tão apaixonadamente sobre o LinkedIn, ao contrário de qualquer pessoa que ele tinha visto falar sobre esse assunto antes, gostaria que eu me juntasse a ele no workshop. Meu entusiasmo pelo que me empolgava o empolgou.

O ano era 2009, e eu não tinha experiência com webinars. Nenhuma. Mesmo assim, caí dentro. Fiz o melhor que pude para agregar valor durante minha apresentação e, em apenas uma hora, ganhei US$6.200 oferecendo um curso no final de minha palestra. Eu fiquei radiante. Aquela experiência desbloqueou um mundo de oportunidades para fazer dinheiro que eu nem imaginava que existia. Uma breve conversa apaixonada de dois minutos se converteu em uma oportunidade gigantesca e que mudou a trajetória de todo meu caminho de crescimento.

Apesar do sucesso dessa conversa de dois minutos, aprendi que apresentar uma ideia não é algo que surte efeito imediatamente. Pode levar algum tempo até dar frutos, por isso é preciso ter paciência. Você deve comparecer e fazer o acompanhamento de forma consistente e estar sempre pronto para dar tudo de si.

Apresentar uma ideia não é algo que surte efeito imediatamente.

Quando li *Trabalhe 4 Horas por Semana*, de Tim Ferriss, achei que gostaria de escrever um best-seller como o dele algum dia. No entanto, como quase fui reprovado em inglês no último ano do ensino médio, sabia que precisaria de ajuda extra para publicar um livro. Lendo os agradecimentos no livro dele, vi que ele agradecia ao seu agente, Stephen Hanselman. *É ele quem eu quero para agente*, pensei.

Na época, eu não era ninguém. Não tinha público, nunca havia me encontrado com Stephen. Mas decidi que deveria buscar oportunidades de atraí-lo para ser meu agente. Comecei seguindo-o no Facebook e enviando mensagens ocasionalmente, para ele saber de meu interesse em uma parceria futura. Ele foi educado e concordou que eu ainda não estava pronto para lançar um best-seller.

Um ano depois, descobri que Tim Ferriss apresentaria um evento com alguns dos maiores líderes que ele poderia encontrar, incluindo vários best-sellers do *New York Times* e colegas do mundo editorial. Ao analisar a agenda de tópicos do evento, vi como poderia agregar um valor único ao evento aproveitando minha crescente experiência com o LinkedIn para falar sobre passeios virtuais de livros. Eu havia participado de um webinar recentemente e vendido mais de oitocentos livros só naquele evento. Sei que webinars podem desempenhar um papel importante na promoção de livros para todos os tipos de autor, mas isso ainda não havia sido feito antes.

Enviei um e-mail entusiasmado para o assistente de Tim, com quem eu já tinha uma conexão, explicando como eu poderia agregar valor ao evento. Eu sabia que não poderia trazer reconhecimento de nome ou vender assentos para o evento, então me ofereci para fazer aquilo de graça. Ele adorou a ideia e passou o e-mail para Tim. Antes que pudesse perceber, eu estava em uma chamada com Tim Ferriss — ele também adorou a ideia e queria que eu fosse um dos palestrantes!

Naquele momento, eu não me considerava um escritor. Havia escrito um pequeno livro sobre o LinkedIn, em parceria com outro mentor, e só. Ainda assim, lá estava eu, no palco do evento, com o próprio Tim Ferriss me entrevistando sobre passeios virtuais de livros. Tudo isso porque eu havia persuadido pessoas, de forma paciente e apaixonada, com a minha visão.

No meio do evento, Tim me apresentou nos bastidores ao seu agente literário, o mesmo com quem eu queria trabalhar algum dia, Stephen

Hanselman. Aquela era minha chance. Muitos teriam se precipitado naquele momento e tentado convencê-lo na hora, pensando que era agora ou nunca. Mas eu sabia que ainda não estava pronto para trabalhar com ele.

Falei para Stephen, "Olha, agora não é a hora certa, mas eu adoraria produzir um livro com você no futuro. Podemos manter contato e continuar essa conversa?" Ele concordou alegremente. Com o tempo, ofereci várias formas de servi-lo e trazer valor, sem esperar nada em troca. A cada seis meses ou mais, eu mandava uma mensagem perguntando se podia ajudá-lo ou quais autores eu poderia ajudar a promover, à medida que construía minha própria marca e meu público.

Quatro anos mais tarde, depois do lançamento de meu programa *The School of Greatness* e após eu lançar mais e mais conteúdo no mundo, Stephen me procurou. "Acho que está na hora de fazermos esse livro." E pronto! Levou mais de cinco anos para acontecer, mas minha ideia de lançar um best-seller do *New York Times* se tornou realidade porque eu estava disposto a trabalhar para agregar valor, continuar a desenvolver minhas habilidades e meus serviços e persuadir pessoas ao longo do tempo.

O CAMINHO PARA A GRANDEZA

Sou muito grato por *The School of Greatness* ter se tornado conhecido, pelos convidados de alto calibre que entrevisto para aprender com seus conhecimentos. Mas nem sempre foi fácil trazer esses convidados para o programa.

Por exemplo, levou quatro anos até eu conseguir inscrever Tony Robbins. Como palestrante, líder e autor de diversos best-sellers, como *Poder sem Limites* e *Desperte o Seu Gigante Interior*, ele sempre teve a agenda cheia. Em determinado momento, eu disse à equipe dele que estaria disposto a pegar um avião a qualquer momento para me encontrar com ele em qualquer lugar. Eles levaram a oferta ao pé da letra.

A equipe dele me ofereceu uma janela de 45 minutos com Tony em Los Angeles — enquanto ele aguardava seu voo. Aproveitei a chance, reorganizei minha agenda e comecei a pensar que seria ótimo ter essa entrevista em vídeo. Até então, meu programa era somente em áudio, então eu chamei uma equipe de vídeo para se juntar a mim, enquanto me sentava com Tony no saguão de embarque do aeroporto.

Esse episódio viralizou, com mais de 1 milhão de visualizações, e *The School of Greatness* abriu novos caminhos no formato de vídeo, que se tornou seu estilo característico. Desde então, minha relação com Tony cresceu e ele tem participado de meu programa repetidamente. Até hoje, tenho certeza de que minha paixão e flexibilidade para encontrá-lo mostraram que eu realmente estava disposto a investir tempo e agregar valor a ele. Encontramos a base para um relacionamento mutuamente benéfico quando demonstrei que minha visão estava alinhada à dele.

O mesmo acontece quando procuro atrair palestrantes para meu evento anual Summit of Greatness [A Cúpula da Grandeza, em tradução livre]. Sempre procurei oferecer o mais alto valor ao público, portanto, trazer pessoas que possam oferecer esse valor sempre foi fundamental. Entre os palestrantes anteriores estão Esther Perel, Jen Sincero, Jay Shetty, Gabby Bernstein, Maria Sharapova, Brendon Burchard, Eric Thomas, Jesse Itzler, Dra. Caroline Leaf, Erwin McManus, David Goggins, Dr. Joe Dispenza e muitos outros.

Essas pessoas não aparecem porque eu lhes pago um caminhão de dinheiro; na verdade, raramente pagamos. Elas não vêm só porque eu envio um e-mail os convidando e compartilhando o valor que podemos oferecer em nossos eventos. Elas vêm porque minha equipe e eu investimos tempo para persuadi-los ativamente com a visão do evento e oferecemos muito valor ao longo do tempo. Muitas vezes, o convite é apenas o passo seguinte no progresso natural de nosso relacionamento. Cada um deles já foi um convidado do programa, portanto, trata-se apenas do próximo passo.

No entanto, fazemos um grande esforço intencional para tornar a experiência incrível para eles. Primeiro, perguntamos como podemos promovê-los ou seus livros, ajudar com suas conexões e encontrar formas de mostrar a mensagem que desejam compartilhar.

Também digo a eles que proporcionamos uma experiência memorável: assentos de primeira classe nos voos, quartos de primeira em hotéis, conteúdo de mídia para que eles alcancem milhões de pessoas — o que quer que torne o evento especial para eles. Nós os encontramos no aeroporto e os levamos até o hotel. Ao chegarem ao hotel, são recebidos com fotos de sua família, como se estivessem em casa. Também encontram sua comida favorita já à sua espera. E oferecemos uma sessão de fotos completa para eles, com um fotógrafo de primeira.

Em resumo, eu mostro o quanto valorizo seu tempo e as pessoas especiais que são. Por causa disso, eles falam para os amigos: "Olha, talvez eu nem tenha ganhado tanto, mas aquele Lewis me deu uma experiência incrível. Se você tiver uma chance de palestrar em um de seus eventos, não desperdice!"

Por outro lado, já interagi com muitas pessoas que não praticam esse Hábito de Persuadir e não aprenderam a convencer. Essas são as pessoas que enviam um e-mail seco, dizendo: "Posso participar do seu programa? Me ajudaria mesmo. Veja como eu sou legal!" Elas não oferecem nada; é só sobre elas. Normalmente, deixo a conversa com essas pessoas no mesmo lugar. Porque, se as pessoas não estiverem dispostas a ouvir e descobrir como podem me ajudar, eu também não farei isso por elas.

A forma como você faz sua divulgação define a expectativa de como você tratará os outros. Se você começa a conversa com foco em si mesmo, não está convidando alguém para crescer com você; o está convidando para recompensá-lo pela sua atenção. Mas se suas ações criam uma cultura sincera de crescimento mútuo, será muito mais provável que as pessoas queiram comprar o que você está vendendo.

PERSUASÃO EM TODOS OS MOMENTOS

Cada etapa de minha jornada para ganhar dinheiro me ensinou essa realidade: a persuasão não é um evento único; ele acontece o tempo todo. Todos os dias, você está persuadindo os outros ou sendo persuadido pela visão de alguém. E você está persuadindo ou cancelando a persuasão de pessoas por você e sua visão.

Sua atitude, energia e presença em cada momento e situação determinam o sucesso do poder de sua persuasão. Ou você está persuadindo alguém para gostar, confiar ou respeitá-lo mais, ou afastando alguém com base em suas ações, palavras ou modo de ser negativos. Não estou dizendo que você precisa ser perfeito o tempo todo, mas terá mais sucesso em atrair outras pessoas quando apresentar de forma intencional e consistente quem você é, todos os dias, de todas as formas. Seu jeito de ser mostra de forma consistente os resultados que você criou.

A maneira como você usa a persuasão define a expectativa de como você tratará os outros.

Se eu estiver querendo entrar em forma e alguém disser que é personal trainer, mas estiver 30 quilos acima do peso, eu não me inscrevo com ele. Se ele não pode fazer por si, por que eu o contrataria para fazer por mim? Ou, se você é um idiota com alguém ao conhecê-lo, é provável que afaste essa pessoa em relação a tudo o que lhe interessa, por causa de sua atitude.

Mas o que acontece com quem *não cultiva* o Hábito de Persuadir? Simplesmente nada que ele quer na vida virá em sua direção, incluindo dinheiro e tudo o mais que enriquece a vida. Quando alguém não exerce bem o poder da persuasão, todo sonho, meta ou realização se torna exponencialmente mais difícil de alcançar, porque aquilo de que ele precisa simplesmente não está disponível. Se esse alguém quer um emprego, trabalhar ou casar — ou o que você imaginar —, sem o poder da persuasão, tudo fica muito mais difícil.

Como resultado, essas pessoas acabam se sentindo isoladas, sofrendo, estressadas e esgotadas, tudo porque não podem persuadir ninguém a se juntar a elas. Se você é uma pessoa que não exerce atração, ninguém quer sair com você, ser seu colega, contratá-lo ou lhe dar oportunidades de ganhar mais dinheiro. Pense nisso: você daria uma oportunidade para alguém que tem uma atitude egoísta, não cuida de si mesmo, nunca chega na hora certa e maltrata as pessoas? Provavelmente, não.

A menos que essa pessoa tenha um talento incrível e único, ninguém irá querer trabalhar com ela por muito tempo. E, mesmo assim, é provável que acabe perdendo a credibilidade ou a reputação e até mesmo o dinheiro que, inicialmente, poderia ter recebido como resultado de seus talentos.

Uma coisa importante a saber é que nem todo mundo será persuadido por sua visão o tempo todo, e está tudo bem. Na verdade, isso é uma coisa boa. A última coisa que você irá querer é forçar as pessoas a embarcar em uma jornada com você quando elas não estão alinhadas com a direção que você está tomando. Isso prepara o caminho para um relacionamento tóxico em sua vida que pode afundá-lo, não erguê-lo.

Outra realidade é a de que algumas pessoas se atrairão por você apenas por uma temporada da vida. Tivemos membros de equipe que foram peças fundamentais para nosso crescimento durante um período e que, depois, decidiram se afastar porque suas prioridades de vida mudaram e eles precisavam fazer essa mudança. Isso também faz parte da jornada. É raro que as mesmas pessoas que começaram a jornada permaneçam com você enquanto você cresce, a menos que elas também cresçam com sua visão.

Houve vezes em que eu me martirizava pensando que essas pessoas não teriam saído se eu fosse um líder mais efetivo. Sim, eu sempre preciso crescer e melhorar minhas habilidades de liderança, mas nem todo mundo é a pessoa certa para aquele momento. E está tudo bem. É melhor deixar essas pessoas partirem do que forçar a barra e ficar frustrado.

O QUE HÁ POR TRÁS DISSO?

Se você não espera persuadir as pessoas, pode perder oportunidades importantes. Por exemplo, Grant Cardone me contou sobre sua interessante experiência no programa de TV *Undercover Billionaire*. Ele queria expor o mito de que "é preciso dinheiro para ganhar dinheiro". Ele acreditava mesmo que ganhar dinheiro é uma questão de criar os contatos certos com as pessoas e que esses contatos podem se tornar contratos que geram patrimônio ao longo do tempo. Mas sua visão se concentra em uma coisa: você precisa persuadir pessoas a investir.

No programa, ele foi deixado em uma cidade onde não conhecia ninguém e não podia usar dinheiro para fazer um acordo de negócios. Essencialmente, ele tinha que fazer alguma coisa a partir do nada. Depois de chegar em uma caminhonete velha, ele entrou para sua primeira reunião secreta com um visual novo — a cabeça raspada. Ele começou a conversar com alguém na reunião que estava procurando dinheiro de investidores, mas presumiu que Grant era apenas um desconhecido. Durante toda a conversa, o cara se gabou de quanto dinheiro tinha e falou mal do "Grant disfarçado".

O cara não percebeu que a pessoa que ele tratou como um ninguém provavelmente era o maior investidor em potencial que ele já tinha visto. Quanto mais a conversa continuava, mais o cara se colocava no centro dela. E quanto menos convidava Grant para ser incluído, menos Grant estava interessado em ouvir — ou investir. Como resultado, o homem perdeu uma oportunidade enorme de investimento para o futuro de sua empresa.

Grant me contou que aprendeu duas lições gigantescas naquela interação. "Um, você não sabe com quem está negociando. Mais importante, você não sabe quem ele se tornará."[2] Talvez a pessoa que o seguiu nas redes sociais possa não ter nada de impressionante em seu currículo hoje, mas, com o tempo, ela poderá surpreendê-lo. Mesmo que ela pareça "um nada" agora, pode criar uma empresa gigantesca ou uma marca de sucesso em dez anos. Se você desenvolver uma relação positiva agora, ela pode querer apoiá-lo lá na frente.

Pense da seguinte forma: imagine que você é o proprietário de uma empresa de mineração. Você quer ficar rico transformando essa empresa em uma produtora de lucros. Então você conhece duas pessoas. Uma delas possui centenas de acres de terra. Parece impressionante! A outra possui apenas dez acres, o que não é tão impressionante. Com qual delas você mais gostaria de se conectar?

A melhor resposta é *com ambas*. Simplesmente, você não tem ideia do valor escondido abaixo da terra em cada propriedade. Talvez as centenas de acres não tenham nada e os dez acres estejam recheados de ouro. Por outro lado, as centenas de acres podem ter algum ouro e os dez acres estarem cheios de diamantes. Você nunca sabe apenas vendo a superfície. Você precisa estar disposto a se aprofundar na relação para saber o que ela tem a oferecer.

Quando se conecta aos outros com uma mentalidade de persuasão, você define seu relacionamento padrão para convidar, em vez de investir. Você não começa pedindo que as pessoas coloquem dinheiro em sua empresa. Você começa se envolvendo em conversas autênticas. Por outro lado, quando você afasta as pessoas ignorando a atração (mentindo, parecendo desconectado, não cumprindo com a palavra etc.), você as bloqueia de seu futuro. Você está fechando a porta não só para elas, mas para si também, porque perdeu qualquer oportunidade de elas crescerem com você.

A cada momento de cada dia, você tem a chance de persuadir ou afastar. Tornar a persuasão um hábito o coloca no caminho no qual tem mais probabilidade de ganhar mais dinheiro para si, enquanto sua ausência, consistentemente, leva ao fracasso. A escolha é sua.

É sobre querer ser uma bênção, ao invés de um fardo.

Em minha experiência, pouquíssimas pessoas que vivem genuinamente sua Missão Significativa conseguem fazê-lo sem envolver naturalmente outros para essa missão. Não me leve a mal, há pessoas que têm muito dinheiro e nenhuma intenção de servir aos outros. Mas descobri que um sentimento mais profundo de paz e realização vem como resultado de envolver outras pessoas ao servi-las. Não é sobre ter um complexo de herói, que exige que você "resgate" os outros; é sobre querer ser uma bênção, ao invés de um fardo.

Ao compartilhar apaixonadamente sua visão com os outros e os convidar a acompanhá-lo, você dá às pessoas a oportunidade de se atraírem por você. Elas podem simplesmente se envolver e seguir ou descobrir formas mais profundas de apoiar sua missão, porque foram atraídas por ela e por quem você é. A verdade é que o investimento real que estão fazendo é em você.

CRIE UMA MARCA PERSUASIVA

A marca tem tudo a ver com quem você é. E quem você é determina sua capacidade de persuadir os outros a segui-lo. É por isso que, se você quiser atrair dinheiro, precisa aprender a liderar os outros e, por fim, a si mesmo. O guru de liderança John C. Maxwell diz que, se você pensa que é um líder, mas ninguém o segue, você não está liderando; está apenas dando uma caminhada.[3] O mesmo se aplica à persuasão. Se as pessoas não estão seguindo você e sua marca, você não é bom em persuadir.

Steve Weatherford, campeão do Super Bowl, me disse que há certos homens que ele seguirá simplesmente por vê-los pela primeira vez quando entram em uma sala, porque ele sente algo sobre a presença desses homens e que o faz sentir respeito por eles. Como ex-atleta profissional, ele avalia "o quão largos são os ombros" como uma forma de medir o quão disciplinados eles são em nutrição e condicionamento físico. Ele pensa que, se eles são bons nessa área, provavelmente o são em outras. Acho que o mesmo pode ser dito sobre tudo, de várias formas.

Eu chamo isso de **Princípio do Poder Pessoal**: *A forma como você se lidera determina seu poder pessoal de liderar os outros*. Quanto melhor você se lidera, mais potencial tem para persuadir os outros, continuar sua missão e, possivelmente, melhorar sua situação financeira.

E como você constrói seu poder pessoal? Existe uma forma fácil de fazer isso todos os dias. David Goggins é um Navy SEAL reformado e o único membro das Forças Armadas dos Estados Unidos a completar o treinamento dos SEALs, da Ranger School do Exército norte-americano e o de controle tático aéreo da Força Aérea. Perguntei o que faz com que ele se comporte tão bem diante de qualquer adversidade que surja.

Ele me disse que a chave é se conduzir bem nas pequenas coisas para começar o dia. Antes de olhar para o telefone de manhã, ele faz ao menos quinze pequenas coisas que lhe dão uma série de vitórias que o levarão a um lugar positivo. Pode ser algo como raspar a cabeça, fazer exercícios ou até limpar o banheiro. Tudo isso lhe dá um momentum positivo.

Penso nessa prática diária como uma *acumulação de vitórias* — começar o dia com uma série de vitórias propositais. Gosto de adicionar a gratidão nessa mistura, para expressar aquilo pelo que sou mais grato. Ao acumular vitórias e agradecimentos, multiplico seu impacto e me preparo mentalmente para seguir bem e gerar mais poder pessoal, o que naturalmente atrairá os outros a me seguirem.

Com esse foco de liderança em mente, aqui estão três grupos de pessoas fundamentais que você precisa persuadir de forma regular para ganhar dinheiro fácil e desfrutar uma vida mais rica:

1. **Você mesmo**. Descobrir como melhorar sua capacidade de persuadir os outros não começa com você colocando uma coroa em sua cabeça e esperando que os outros o sigam. Começa com você sendo intencional e tirando um tempo para persuadir seu primeiro seguidor — você mesmo.

   Pergunte a si mesmo: *Como se parece alguém que eu queira seguir?* Provavelmente, é alguém que tem integridade e responsabilidade e preste contas. Talvez haja outros princípios que você admire e que o atraiam. Comprometa-se a aparecer como esse ser humano saudável. Fortaleça sua consciência emocional aprendendo a navegar suas próprias emoções. Se você precisa de um coach ou terapeuta, comece por aí. Descobri que a ajuda profissional pode ser um ótimo espelho para identificar os lugares em você que está cheio de potencial para crescer, mas que às vezes estão escondidos em seus pontos cegos.

Trabalhe para afiar suas habilidades de comunicação. Faça perguntas. Seja atencioso e educado. Gaste tempo para esclarecer sua visão e sobre como persuadir os outros, para que você possa criar realização e paz em todos os níveis financeiros de sua vida. A persuasão é um processo diário para ter certeza de que você seguirá a si mesmo primeiro. Depois de ganhar confiança nisso, você pode ir para a próxima área.

2. **Outros**. A autopersuasão lhe dá a capacidade de dar um exemplo de autenticidade e vulnerabilidade. Compartilhar a paixão pelo seu crescimento pessoal pode inspirar os outros a investirem nas próprias jornadas de crescimento. Comemore o sucesso deles e ofereça ajuda nos desafios que surgirem. Deixe-os saber que você estará disponível quando eles se sentirem deprimidos ou para dividir a carga quando assumirem muitas coisas. Esteja presente, crie um senso de crescimento mútuo e uma conexão autêntica.

   Quando você persuadir outras pessoas ao buscar a excelência pessoal ao servi-las, não apenas as ajudará a aumentar seu potencial, mas também criará uma rede de pessoas com mentalidade de crescimento e dispostas a ajudar umas às outras a prosperar. Aqueles que buscam sua orientação serão os que retornarão para trabalhar com você ao longo do tempo.

3. **A Sua Equipe**. Alguns membros de sua equipe se tornarão embaixadores de sua marca. Eles se destacarão da multidão e serão verdadeiros defensores de sua visão. Esses são o que Ed Mylett chama de propagadores/disseminadores. Eu os chamaria de sua equipe magnética.

   Eles são os que planejam passar por qualquer adversidade que seu negócio, organização ou unidade enfrente. Você pode capacitar os membros da equipe ajudando-os a alinhar seus

> objetivos pessoais com a visão coletiva. Compartilhe o sonho e os inspire para que se vejam como uma parte importante disso. Encoraje-os a compartilhar suas conquistas e preocupações honesta e abertamente. Dê a eles oportunidades de colaborar usando suas forças para incentivar um local de trabalho onde a criatividade flui livremente.
>
> Se você criar uma cultura que apoia o desenvolvimento profissional e uma evolução contínua, sua equipe começará a atrair os outros e, exponencialmente, multiplicar sua rede. Ao atrair sua equipe e contratar pessoas que compram sua visão, você cria um ambiente capaz de superar os desafios com graça e alcançar resultados extraordinários.

Já foi dito que o primeiro trabalho de cada líder é definir a realidade de seus comandados. Isso se alinha com o que disse o lendário pensador inspirador e autor Wayne Dyer: "Nossas intenções criam nossa realidade."[4] Muitas vezes, as pessoas não entendem completamente suas próprias intenções. Essa ignorância prejudica a missão delas, porque a forma como elas a apresentam determinará como os outros a percebem.

Pessoas boas em persuadir criam conversas em que todos ganham, perguntando "como eu posso ajudar?" e convidando os outros a responder da mesma forma. Mas se você não seguir adiante, teria sido melhor nunca ter perguntado, porque as pessoas conseguem perceber a falta de sinceridade. Quando você quer mesmo que as pessoas façam parte de seu propósito, expande seu sonho e leva mais pessoas consigo. Mas se sua missão é um clube exclusivo para servir a si mesmo, então você seguirá sozinho.

Digamos que você quer um aumento. Não é um objetivo ruim, desde que você não faça tudo para ganhar dinheiro só porque acha que quer ou merece. Em vez disso, procure uma situação em que todos saiam ganhando, e você faz isso ao se perguntar: *Como posso prestar um serviço melhor para atender a necessidade da empresa?*

Se você está tentando vender um produto ou serviço e precisa atrair potenciais consumidores, se pergunte: *Quem se beneficiaria de minha ajuda? Quem está sofrendo ou com um problema que meu produto ou serviço pode resolver?* Em seguida, empacote seu valor para ajudar alguém a aliviar o sofrimento ou para obter resultados mais rápidos, melhores ou mais baratos.

Ver a persuasão como um jogo pode ajudar. A energia lúdica é magnética. Se você abordar a persuasão com essa energia lúdica, não parecerá tão opressivo, estressante ou assustador se houver rejeição. E quando você tiver um não, simplesmente reflita sobre sua abordagem e pense no fracasso como um feedback para melhorar e crescer. Talvez o momento não seja o ideal para aquela pessoa ou você não tenha se comunicado efetivamente. Talvez você precise apenas aprender mais habilidades ou melhorar sua oferta.

Qualquer que seja a razão para a negativa, não leve isso para o lado pessoal e nunca abra mão de seu poder. Desacelere o suficiente para permanecer aberto à compreensão e ao discernimento do contexto da situação. Em vez de parar e desistir completamente, pergunte a si mesmo como pode melhorar da próxima vez. E encontre uma forma de tornar isso divertido!

Uma das melhores lições que você pode aprender é como improvisar em sua comunicação fazendo perguntas como estas:

- Há mais alguma coisa que eu possa fazer para ajudá-lo ou à sua equipe?
- Há algo mais que possa lhe interessar?
- Você pode me avisar, se as coisas mudarem?

Mesmo que pareça que a situação não funcionará a seu favor no momento, ao estar apto a mudar de rota, você se torna mais magnético. Continue a perseguir sua missão pacientemente, pois nunca se sabe quando a situação pode mudar no futuro.

SEU ESQUEMA

Pare um pouco e pense no tipo de líder que você é hoje, comparado ao líder persuasivo que quer se tornar.

- Como você define seu papel como líder atualmente?
- Até que ponto você é ou não atraente?
- Quais valores guiam seu estilo de liderança?

- Como você lida com os desafios e contratempos?
- Quais áreas de sua liderança poderiam se beneficiar de treinamento adicional?
- Como você convence e empodera os que estão à sua volta para alcançarem seu potencial total?
- Que estratégias você usa para construir confiança e promover relacionamentos positivos com sua equipe?

Exercício 1: Crie a Sua Pegada de Persuasão

Se o conceito de *persuadiré* é novo para você, é uma boa ideia ter um tempo para esclarecer exatamente o que você está persuadindo as pessoas a fazer. Para isso, trabalhe com estas questões:

- Qual é sua Missão Significativa? (Se você não tem certeza de qual é, leia o livro *O Mindset da Grandeza*.)
- Qual é sua visão dessa Missão Significativa?
- Por que ela é importante?
- Quem será ajudado?
- Como isso fará a diferença no mundo?
- Como as pessoas que você espera convencer poderiam acompanhá-lo nessa jornada?
- Quem se beneficiará disso?
- Por que você escolheu essa pessoa, em particular, para atrair?

Quando você souber as respostas a essas perguntas, elas servirão como a espinha dorsal de seu "discurso elevador", que o ajuda a articular sua visão e a atrair as pessoas para você.

Exercício 2: Olhe no Espelho

Embora o que você diz seja importante e ajude a persuadir os outros, o que o faz se destacar é o que eles *veem*. E quando o que eles veem demonstra confiança, sabedoria e uma autoliderança forte, isso o torna magnético e atrai o tipo de pessoa que você quer à sua volta. Esse exercício é simples: ao pensar em quem você é, além da aparência física, como você se descreveria?

Se sua descrição inclui coisas positivas e que provavelmente atrairiam pessoas, traga-as à tona e celebre com elas. Elas devem ser reconhecidas e aprofundadas.

Se sua descrição inclui coisas que são mais negativas ou atrasam sua vida, seja honesto consigo. Você se comprometerá a fazer algo a respeito? Se sim, comece hoje mesmo a dar passos largos para se liderar melhor.

O propósito deste exercício não é fazê-lo se sentir mal; pelo contrário, é celebrar o que está funcionando e buscar formas de melhorar.

Lembre-se de que você é suficiente e está se tornando ainda mais.

Exercício 3: Acúmulo de Vitórias

Pequenas vitórias no início do dia podem levar a um momentum sustentado. Se você não começar seu dia com intencionalidade, ele pode fugir de seu controle rapidamente. Para ajudar a começar o dia positivamente, pense em uma lista de três a cinco pequenas coisas que você pode fazer que o prepararão para o sucesso.

Escreva-as em um cartão ou em uma nota em seu telefone e crie o hábito de visitá-las todos os dias para criar um hábito de vitórias. Use esse momentum de pequenas vitórias para mantê-lo na perseguição de sua grandes metas. À medida que esse momentum aumenta, ele vai causando uma mudança em você que será evidente para aqueles ao seu redor — tornando-o mais atraente no processo.

CAPÍTULO 11

HÁBITO 6: O HÁBITO DE MOBILIZAR

Delegue para Empoderar os Outros

Minha primeira campanha de marketing terminou em desastre. Quando meu sócio e eu começamos a trabalhar juntos, imaginamos que, se cada um de nós fosse bom em habilidades diferentes, juntos seríamos ótimos. Pensamos que, juntos, evoluiríamos e criaremos mais valor para mais pessoas — e, claro, ganharíamos mais dinheiro. Não podíamos estar mais errados.

Os problemas começaram assim que crescemos, já que nenhum de nós sabia como contratar ou treinar efetivamente os membros da equipe. Contratamos alguns freelancers fantásticos, mas eu ainda tinha a mentalidade de que, se quisesse ter sucesso, tinha que fazer a maioria do trabalho por conta própria.

Fui ao limite todos os dias. Presumi que nós dois faríamos tudo, focados naquilo em que cada um era bom, enquanto cobriríamos os pontos cegos um do outro naturalmente. O problema é que estávamos supondo as mesmas coisas. Enquanto eu continuava a trabalhar sem descanso, acabava esgotado e ressentido com meu sócio.

Infelizmente, ao invés de trabalharmos juntos para engrandecer nosso conhecimento e nossas habilidades, brigamos, o que só nos afastou mais.

Perdemos nossa direção e não tínhamos ideia de como fazer aquilo parar. O que piorou a situação foi que nosso foco nos lucros nos fez redobrar os esforços, porque temíamos perder o impulso do mercado.

Mesmo conseguindo fazer a receita crescer trimestralmente, não conseguimos acompanhar a carga de trabalho cada vez mais esmagadora. Ganhamos mais dinheiro, mas nos sentimos paralisados. Sonhamos que nosso negócio fosse como uma pirâmide, com a equipe se expandindo conforme crescíamos. Presumimos que, quanto mais a pirâmide crescesse, mais leve seria nossa carga. Mas parecia que cada avanço só nos levava mais fundo, em um novo círculo do inferno.

O que nós achávamos que era o momentum era apenas o peso de nosso sucesso. Acabou que nossa pirâmide estava de cabeça para baixo, porque tudo dependia de nós. Não me entenda mal, todos na equipe eram capacitados e estavam trabalhando duro. Mas, de certa forma, isso só tornou nosso fracasso mais frustrante. Meu sócio e eu só conseguimos criar trabalhando muito mais. De fato, ao trabalhar duro, em vez de aprender como delegar e mobilizar mais pessoas de forma eficaz, diminuímos nossa capacidade de ganhar dinheiro fácil.

O EMPREENDEDOR DO HELICÓPTERO

Em certo ponto em sua jornada do dinheiro, você pode querer começar um negócio ou atividade paralela. Se você é como eu, talvez não tenha pensado em abrir um negócio, mas, em vez disso, acidentalmente tenha se tornado um empreendedor apenas por fazer o que ama. Pode ser que continue sendo apenas uma atividade paralela para você, mas se for bom no que faz, é provável que cresça.

Ao lançar um negócio, não é incomum pensar que se deve fazer tudo sozinho. Você pode ser bom em uma coisa, mas essa coisa só pode levá-lo até certo ponto. Se tudo o que você faz é se forçar a fazer mais, ser mais e produzir mais, provavelmente se esgotará. E o seu negócio, por maior que tenha se tornado, provavelmente sofrerá.

Em minha experiência, nós, empreendedores, temos quase um instinto materno, que nos faz pensar que o negócio é totalmente dependente de nós. Afinal, sua empresa é como seu bebê. Em um momento de paixão, você criou essa organização maravilhosa. Você a alimentou, embalou e celebrou cada pequeno marco. Agora chega alguém e diz que você deveria confiar em outrem para cuidar dela enquanto você... o quê? Dorme?

Na verdade, sim, é exatamente isso que você precisa fazer, porque, assim como qualquer criança saudável, um negócio saudável precisa crescer. E para que isso aconteça, em algum momento, você precisará sair da frente.

Quando comecei a tentar expandir meu primeiro negócio, não tinha ideia de como contratar ou gerenciar pessoas. Eu pensava que todos deviam simplesmente trabalhar da mesma forma que eu. Eu estava errado. Tive que aprender como me tornar um líder melhor, como delegar e construir processos. Levou tempo para eu perceber que aquilo em que eu era bom era apenas uma peça do quebra-cabeças. Eu tive que aprender a deixar meu bebê seguir e não fiz um bom trabalho no início. Mas aprendi com meus erros e com muitos especialistas com quem tive o privilégio de conversar ao longo dos anos.

Confiar aos outros o seu bebê empresa pode trazer à tona vários tipos de emoção, mas você tem apenas três alternativas: delegar e crescer, ficar onde está ou fracassar. Eu acho que você não quer que seu negócio fracasse, mas que cresça e traga mais dinheiro, então... *delegue.*

Vamos ver como isso funciona no mundo real.

Em qualquer negócio, há várias coisas diferentes para gerenciar — equipe, folha de pagamento, contabilidade, marketing, desenvolvimento de produtos, serviço aos clientes, impostos, recursos humanos, logística e muito mais. Provavelmente, você é um astro em muitas dessas áreas. Mas admita: é, no máximo, mediano no resto, e pode ser totalmente ruim em algumas delas. E está tudo bem. A única coisa em que você precisa ser bom é na liderança. Como diz o guru de liderança John C. Maxwell: "Tudo ascende e cai na liderança." O que ele chama de liderança de Nível 2 é onde a maioria dos "empreendedores solo" tem dificuldades: pessoas. Delegar não é só se gabar aos outros de sua autoridade ou de seu título; é sobre desenvolver a inteligência emocional e aprender um novo conjunto de habilidades pessoais para liderar bem.

Você precisa dos outros para fazer coisas verdadeiramente grandiosas.

Talvez você precise fazer tudo sozinho no início, ao começar. Mas em algum momento, precisa dar espaço para seu negócio dar seus primeiros passos. Você deve estar pronto para estabilizá-lo se ele começar a tropeçar, mas ser um "empreendedor de helicóptero" só irá desgastá-lo. Pairar apenas manterá seu negócio engatinhando, ao invés de andar e, por fim, correr, que é o que você precisa que ele faça para, potencialmente, gerar mais dinheiro para você.

É por isso que você precisa do Hábito de Mobilizar. Se você quer escalar o que faz e se mover para mais longe e mais rápido para um impacto maior, precisa aprender a delegar implacavelmente.

SE VOCÊ QUER QUE ALGO SEJA FEITO...

Napoleão Bonaparte é frequentemente creditado por ter dito que, se você quer algo bem feito, faça você mesmo. Eu vou além e digo que, se você quer algo feito maravilhosamente, faça com os outros. Se me lembro das aulas de história, o conselho de Napoleão não funcionou tão bem assim para mim e também não funcionará direito para você. Você precisa dos outros para fazer coisas realmente boas.

Delegar é a arte de dar responsabilidade às pessoas que você chamou para apoiá-lo. Dar-lhes essa responsabilidade as equipa com a capacidade de contribuir para sua Missão Significativa. É claro que há riscos em delegar, mas eles abrem as portas para recompensas exponenciais que você não conseguiria de outra forma.

E, quando delega, você consegue alavancar seus pontos fortes e se concentrar nas partes do trabalho que realmente ama. Em seu best-seller *Mindshift*, meu amigo Erwin McManus diz que devemos ser medianos em quase tudo. Em vez de tentar ser ótimos em tudo, ele sugere que devemos focar as áreas onde podemos realmente ser espetaculares e deixar o resto para as outras pessoas. Ao fazer isso, libertamos o potencial para a grandeza, em nós e nos demais.

Você precisa dar espaço para o seu negócio dar seus primeiros passos.

A delegação empodera sua equipe, mas pode ser difícil entregar o controle a outra pessoa. Se você não ficar atento nesse sentido, ficará olhando por cima dos ombros dos outros, frustrado quando eles não conseguirem ler sua mente e, por fim, realizando a tarefa você mesmo. E quando as pessoas não se sentem empoderadas, seus medos sobre o fracasso delas ganham vida. Em vez de serem liberadas para entregar o melhor de si, elas se concentram em não aborrecer o chefe: você. Como resultado, elas se distraem, o que só confirma sua crença de que só você pode fazer o trabalho. Enquanto isso, a realidade mostra que foi sua falta de delegação que causou isso.

Eu sei como é porque já fiz isso também. Eu queria que tudo fosse feito da maneira certa, então eu mesmo fazia. Ficava com menos trabalho concluído porque eu acabava refazendo o trabalho que eu tinha "semidelegado". E passava o resto do dia olhando por cima do ombro de minha equipe.

O medo mina a visão e é inimigo da delegação. Mas quando você delega com confiança, sua equipe pode se move para o alto. Você os libera para darem o seu melhor. A equipe aprende a ser flexível e continuar em frente mesmo diante aos desafios. E você começa a perceber que não tem que checar de novo tudo o que eles já provaram ser capazes de fazer.

A melhor parte disso é que o Hábito de Mobilizar acelera mesmo quando você começa a convocar outros para ajudá-lo.

CONHEÇA O SEU VALOR

Sugiro que você comece a delegar considerando três maneiras de criar uma alavancagem, que aprendi com o investidor Naval Ravikant: código, mídia e trabalho

O código diz respeito a criar um software que pode ser usado pelos outros para lhe trazer mais dinheiro e agregar valor a eles. Também se aplica à delegação, porque você pode usar o software ou o código que outras pessoas escreveram para delegar efetivamente. O que você costumava ter que pagar para outra pessoa fazer pode, agora, frequentemente ser feito por meio do aplicativo ou de algum tipo de tecnologia. Comece a delegar as tarefas para si e para sua equipe buscando formas de alavancar código e tecnologia.

uma auditoria de tempo por duas semanas, para monitorar onde, exatamente, seu tempo é gasto.

2. ***O que eu devo fazer?*** Criada a lista do que você faz, circule ou marque as tarefas que só você pode realizar. A resposta padrão para a maioria das pessoas é... tudo. Mas responda honestamente. Não se contente em ser como a maioria das pessoas. Redefina o seu normal estando disposto a deixar outros ajudarem a fazer as coisas.

3. ***O que outra pessoa deveria fazer?*** Delegue todo o resto da lista para alguém. Tudo. Isso não significa delegar tudo imediatamente. Pode ser necessário adicionar as pessoas certas, fazer mais treinamentos ou criar processos e procedimentos para que outras pessoas sigam, para que saibam o que fazer. Mas não deixe que a busca pela perfeição o impeça de delegar todas essas tarefas. Se puder treinar outra pessoa para fazer algo próximo de 80% tão bem quanto você, delegue.

Se você está pensando em qual deve ser seu próximo passo, ouça Rachel Rodgers. Ela é uma empreendedora talentosa, CEO e cofundadora da Hello Seven que assumiu a missão de ensinar mulheres e comunidades marginalizadas a construir riqueza. Quando conversamos sobre o melhor primeiro passo a dar ao aprender a arte da delegação, ela me disse que a lição mais importante era: *Tenha um assistente pessoal o mais rápido possível.*

Se você puder pagar a alguém por vinte ou cinco horas por semana, faça isso assim que puder separar uma parte do orçamento. Porque, assim que você começar a aprender como delegar e explicar alguma coisa a alguém, aprenderá as habilidades de liderança de que precisará para chefiar uma equipe mais tarde.

> É muito importante começar a aprender as habilidades de como liderar, delegar, se comunicar e apoiar a pessoa que trabalha em sua empresa.[1]

Eu concordo plenamente. Minhas habilidades de delegação realmente decolaram cerca de seis meses depois do lançamento do programa *The School of Greatness*. Meu método de operação era, em resumo, caótico. Eu sou o cara criativo que está sempre ansioso para pular para a próxima grande coisa e espero que outra pessoa cuide dos detalhes. Foi quando Sarah Livingstone, minha incrível assistente pessoal, entrou em minha vida, e está nela há mais de uma década!

Organização não é um de meus pontos fortes. Mas é um dos dela. Ela me ajudou imediatamente a lidar com meu espaço pessoal caótico e me apoiou de muitas maneiras — otimizando as tarefas do dia a dia, assumindo o controle de minha agenda e me responsabilizando pelo que eu estava fazendo. Sarah encarou um trabalho gigantesco com graça e eficiência. Eu posso ter delegado muito rápido para acompanhar tudo o que estava acontecendo na época, mas ela lidou com tudo, sem perder o ritmo.

Graças a Deus ela ainda é parte integral da equipe do Greatness e ainda é minha assistente. Eu não poderia ter feito o que faço sem o apoio dela. É confortador saber que ela está sempre cuidando de mim como um membro solidário de nossa equipe. E aprendi muito com ela, pois ela me ajudou a crescer de muitas maneiras.

DELEGUE IMPLACAVELMENTE

Outra pessoa a quem deleguei muito é Matt Cesaratto. Ele se juntou à equipe pouco depois de Sarah, quando percebi que precisava de outra pessoa para gerenciar e liderar as operações do dia a dia do Greatness Media. Foi o dilema clássico: eu me esforcei para ser o visionário e o talento do programa ao mesmo tempo que gerenciava a equipe e lhes ensinava os processos. Além disso, meus pontos fortes naturais não me posicionavam para focar as operações.

Trouxe Matt, amigo de longa data, dos tempos de faculdade para nos ajudar a escalar e crescer. Eu sabia que podia delegar coisas a ele e confiar que ele as faria. Em troca, lhe dei plenos poderes para contratar, treinar e até delegar para a equipe. Delegar a Matt me liberou para fazer mais do que apenas eu podia fazer. O resultado tem sido uma relação de trabalha próximo, fruto de uma amizade de dez anos e de quase uma década de trabalho conjunto nas trincheiras para construir o Greatness Media.

Eu adoro como ele descreve a dinâmica de trabalho que nós três compartilhamos. "Lewis traz o fogo — ele é o visionário. Sarah coloca as pedras em volta da fogueira — ela o protege e apoia. Eu trago a lenha e acendo o fogo — eu ajudo a deixar a chama mais forte. Realmente nos importamos uns com os outros. Somos parte da vida uns dos outros. Estamos comprometidos com esse caminho."

Sem Sarah e Matt, eu estaria limitado às minhas próprias habilidades e meus talentos. E jamais maximizaríamos a missão, porque eles impedem que ela vire uma bagunça. Eles me ajudam a encontrar as pessoas certas e a empoderar a equipe com uma cultura de delegação. Como uma equipe, continuamos construindo, juntos.

Quando conversamos sobre delegação, Matt compartilhou as quatro melhores práticas para uma efetiva delegação:

1. **Identifique as coisas que só você pode fazer e delegue todo o resto.** Seja honesto sobre suas forças e fraquezas. Seja claro sobre as coisas que são os componentes de maior valor no que você faz e delegue o resto. As pessoas querem se sentir investidas na visão da organização, então compartilhe-a abertamente quando você encontrar pessoas cujas forças são suas fraquezas. Forneça suporte sem reinventar seus processos e sistemas — use bons sistemas, estruturas e rigor. Quando tiver dúvidas, pergunte aos membros da equipe o que eles precisam para fazer o trabalho de forma efetiva e eficiente. Acima de tudo, esteja disposto a abrir mão de quase tudo.
2. **Mantenha-se flexível.** Uma organização em crescimento mudará e se transformará de maneiras inesperadas. Mas se você e sua equipe forem muito rígidos, será difícil se adaptar para poder crescer e escalar. Ao trazer novas pessoas a bordo, tenha certeza de que elas entenderam sua visão e cultura. Perceba que é importante ficar confortável em se sentir desconfortável. Como vantagem, a mudança que vem do crescimento evita que seu trabalho se torne uma rotina chata.
3. **Orçamento para especialistas.** Em vez de se ver como um empreendedor solo, imagine-se como um verdadeiro empreendedor. Reserve dinheiro para a experiência de que você

precisa, ou provavelmente pagará mais por ela. Coisas como aconselhamento legal, contabilidade, treinamento, ferramentas, administração de mídias sociais — vale a pena gastar dinheiro com coisas que não o fazem feliz para que você tenha tempo para investir nas partes de seu negócio de que gosta.

4. **Conheça os números.** Eles nunca mentem. Ignorância não é felicidade quando se trata de dinheiro! Crie uma estrutura financeira que lhe que lhe dê um modelo derivado de dados que possa usar para tomar decisões sensatas. Ninguém quer questionar a integridade pessoal de um membro da equipe. E se controlar as finanças não é seu ponto forte, encontre alguém em quem possa confiar. Trabalhe em conjunto para desenvolver um sistema que faça com que discutir os números seja uma conversa fácil e objetiva, de forma regular. Tenha reuniões programadas regularmente para se atualizarem mutuamente sobre questões financeiras. Não ignore os números até que algo apareça que não faça sentido para você. Você quer que as conversas sobre dinheiro sejam chatas, nunca surpreendentes.

Aprendi que a melhor pergunta a se fazer no começo do dia não é: *O que terei que fazer ou consertar hoje?* Em vez disso, as melhores perguntas são:

- *Como posso melhorar ainda mais uma ótima equipe?*
- *Como posso construir uma cultura mais bem integrada para que todos se sintam conectados sem mim?*
- *Como podemos melhorar nossa capacidade de alcançar e servir mais pessoas?*

Eu fico animado por delegar à equipe porque sei que eles nos levarão à nossa Missão Significativa de tocar 100 milhões de vidas todos os dias. Quando você tem uma cultura que está pronta para delegar implacavelmente, as pessoas não se apegam muito a isso. Eles fazem bem o seu trabalho, sem delegar precipitada e rapidamente. Como resultado, eles se movem como uma unidade e estão equipados para superar qualquer coisa que surja em seu caminho.

Quando você mobiliza sua equipe, desbloqueia o maior potencial dela.

MOBILIZE A SUA EQUIPE

É irônico como, lá no fundo, a maioria de nós teme delegar porque não queremos perder o controle. Queremos manter as mãos no volante. A única pessoa em que confiamos para fazer o trabalho somos nós. Mas, quando temos essa perspectiva, perdemos esta verdade contraintuitiva: delegar é a fonte da segurança. Delegar nos permite ter a segurança que nunca teríamos, porque estamos fortalecendo nossas áreas de fraqueza, aqueles lugares onde, de outra forma, poderíamos ter nos tornado vulneráveis. Quando as pessoas não pensam em termos de delegação, com frequência fracassam em ver opções que poderiam ser de grande ajuda para elas. Elas descartam essa opção casualmente, pensando que o que elas ainda não sabem pode não ter muito valor. Mas, geralmente, o oposto é verdade. É o que ainda não sabemos ou não entendemos que abre as possibilidades para nós.

Por outro lado, só perseguir algo que é difícil para provar alguma coisa a si mesmo também não é uma atitude sensata. Correr atrás de tudo pode deixá-lo muito disperso e vulnerável de várias maneiras. Não descarte o que você ainda não sabe e não sinta que precisa provar a si mesmo para ninguém.

Lembre desta verdade fundamental de *O Mindset da Grandeza*: você é o suficiente e está se tornando mais. Aproveite a jornada.

Quando você mobiliza sua equipe, desbloqueia o maior potencial dela. Cada pessoa pode ser um ativo incrível. As pessoas de minha equipe trazem seus próprios talentos e habilidades diversos. Seus dons específicos não são os mesmos que os meus — e eu amo isso! É fácil imaginar que, se toda a equipe fosse mais parecida comigo, então faríamos mais. Afinal, a armadilha mais perigosa de todas é quando começamos a pensar: *Se a minha equipe trabalhasse tão duro quanto eu, veríamos resultados*. Esse tipo de pensamento resulta na equipe inteira enterrada debaixo de suas expectativas. Se você está trabalhando duro e espera que sua equipe faça o mesmo, terá uma equipe de pessoas exaustas, desgastadas por um desequilíbrio inadequado entre trabalho e vida pessoal.

Talvez você tenha que parar de falar a eles o que fazer e começar e empoderá-los para fazerem o melhor. Na maioria das vezes, as capacidades únicas de cada um cobrirão seus pontos fracos. Por exemplo, se eu tentasse fazer malabarismos com o que Sarah, Matt e eu fazemos, a única coisa que eu produziria seria uma confusão. Eles podem fazer coisas muito melhores do que eu.

Aqui estão as cinco chaves do que aprendi para ajudar a mobilizar minha própria equipe por meio do Hábito de Mobilizar:

1. **Conheça sua Missão**. Para isso, você precisa começar consigo. Qual é sua intenção por trás da Missão Significativa? Por que você tem essas metas financeiras? Realização pessoal, paz financeira, causar um impacto positivo ou, talvez, uma combinação de todos?

   Independentemente da visão, sua capacidade de expressar esses planos aberta e efetivamente com sua equipe dará a ela a chance de decidir logo se está alinhada com ela. Está tudo bem se alguns estiverem em um caminho diferente do seu. Se não funcionar no longo prazo, não tente segurar firme demais. Deixe o relacionamento com os colegas de equipe de lado, mas mantenha um relacionamento profissional. Novamente, não faz sentido cancelar a participação de alguém só porque ele não está mais em sua equipe.

2. **Defina metas significativas.** Esteja disposto a trabalhar com sua equipe para estabelecer metas significativas que todos possam querer atingir. Tome a iniciativa de começar as conversas. Discuta por que essas metas são importantes. Explore o que esse empreendimento significa para cada pessoa, tanto pessoal quanto profissionalmente, para que, quando os desafios surgirem, vocês possam se ajudar para seguir em frente.

   Haverá reviravoltas, mas quando você conhece as pessoas que o estão ajudando a construir esse sonho, podem se apoiar mutuamente e crescer mais próximos por meio dessas adversidades. Com o tempo, essa confiança será recompensada quando atingirem o cume juntos.

3. **Aproveite sua autoconsciência.** Identifique as habilidades necessárias para atingir as metas que criou. Reconheça

quais áreas são seus pontos fortes e quais são suas fraquezas. Pense em habilidades sociais, como comunicação, liderança e inteligência emocional, bem como competências técnicas, como conhecimentos do setor. Considere encontrar maneiras de reforçar seus pontos fracos e incentive sua equipe a listar os seus pontos fortes e fracos também.

4. **Se comunique bem.** Na delegação, a comunicação é a chave. Sua equipe precisa que você defina expectativas claras e forneça um feedback regular e oportuno. Você pode precisar criar vídeos de treinamento, para que eles possam aprender a qualidade do trabalho que você espera. As pessoas em sua equipe não são leitores de mente, por mais legal que isso seja. Eles não sabem o que você quer, a menos que você explique. Mas, antes que você perca todo o tempo ensinando cada pessoa individualmente, crie um conjunto de procedimentos e expectativas para cada processo e sistema.

   Se expor os detalhes não é seu forte, trabalhe com um membro da equipe que goste de se aprofundar em todos os detalhes de como as coisas devem funcionar. Converse com ele sobre suas diretrizes ideais e peça que ele faça perguntas, para obter clareza ao longo do caminho.

   Treine as pessoas que serão responsáveis por cada tarefa específica e documente tudo. Mas isso não dá muito trabalho? Sim, mas realmente vale a pena. Você não terá que explicar e reexplicar as coisas para as pessoas, e elas não sentirão que não têm informações suficientes para fazer o que você pede. Mantenha as linhas de comunicação abertas e reavalie esses processos e sistemas, conforme necessário. Se um membro da equipe tiver uma maneira mais eficiente de concluir uma tarefa, capacite-o a compartilhar suas sugestões e atualize a documentação.

   O feedback é importante para sua equipe para saberem o que estão fazendo bem e no que podem melhorar. Quando os processos e sistemas estiverem claramente estabelecidos, será mais fácil para eles saber suas responsabilidades diárias. Incentive um ambiente de crescimento pessoal e aprendizado contínuo. Tire um tempo para celebrar vitórias, oferecer feedback construtivo e identificar regularmente áreas para melhoria.

5. **Equipe seu time para obter resultados.** Ao delegar, você não pode ignorar os resultados. Você precisa de responsabilidade compartilhada e saudável, monitorando os resultados semanal ou diariamente, para garantir que todos estejam no caminho certo. E você precisará fazer correções de curso com base nesses dados. Se você simplesmente pedir para alguém fazer algo e voltar um mês depois para verificar o progresso, ficará desapontado, na maioria das vezes. Quando você cria expectativas compartilhadas e as configura para o sucesso, vê resultados consistentemente melhores.

   Por exemplo, sua equipe pode precisar da ajuda de um consultor externo, de treinamento especial, de um curso, um livro ou outras ferramentas para entregar os resultados esperados. Se você deseja realmente aproveitar o poder da delegação, precisará investir continuamente no treinamento de seu pessoal, especialmente porque o local de trabalho de hoje está em constante evolução. Já se foram os dias em que alguém podia aprender a operar uma máquina em uma fábrica e estar preparado para o resto da vida. O mercado global muda constantemente, e sua equipe precisará ser ágil e se adaptar a ele. Equipe-os e eles agradecerão na forma de melhores resultados.

Em resumo, não queira fazer tudo sozinho. Uma pessoa não pode fazer tudo. Se quiser crescer e escalar, precisa aprender a delegar. Todos os grandes empresários do mundo chegaram onde estão porque foram capazes de abrir mão do que precisavam para perseguir o que queriam.

Lembre-se, se você quer que algo seja bem feito, faça você mesmo. Mas se você quer algo ótimo, faça com os outros.

SEU ESQUEMA

Exercício 1: Auditoria de Tempo de Duas Semanas

Antes de delegar, você tem que descobrir para onde seu tempo está indo. A auditoria de duas semanas o ajudará a ver exatamente onde você está desperdiçando seu tempo e descobrir quais tarefas podem ser automatizadas ou delegadas. Comece pesquisando online por um modelo semanal com blocos de tempo de quinze minutos. Imprima e o tenha em mãos. A cada hora, escreva como você gastou seu tempo nos blocos de tempo anteriores. Faça isso do modo mais preciso possível por duas semanas.

No final de duas semanas, categorize os blocos de tempo. Pode se de ajuda criar rótulos coloridos que correspondam aos seus blocos, como:

- *Tarefas administrativas*
- *Checar e-mail*
- *Reuniões*
- *Chamadas com clientes*
- *Trabalho criativo*
- *Visitas de vendas*
- *Gravar podcasts*
- *Escrever nas mídias sociais*
- *Treinamento*

Assim que tiver criado sua própria lista e organizado seu tempo, é hora de ver o que pode ser eliminado (desperdício de tempo), automatizado (roubo de tempo) e delegado (economia de tempo). Agora que você está munido dessa informação, elimine implacavelmente tarefas e atividades que não deveria estar fazendo.

Exercício 2: Desbloqueie os Pontos Fortes da Sua Equipe

Muitas vezes, contratamos pessoas porque elas podem desempenhar funções específicas, mas nunca se aprofundam em suas capacidades e pontos fortes. Este exercício o ajudará a olhar para sua equipe de uma nova maneira e garantir que eles estão no lugar certo para operar da melhor forma possível. Quando você faz isso bem, também fica livre para delegar com mais eficiência.

Para começar, faça uma lista de todos de sua equipe. Use as perguntas a seguir para refletir sobre o que eles podem e devem fazer e, mais importante, onde eles têm um potencial inexplorado que você pode acessar.

- *Quais são suas principais forças?*
- *Quais são suas fraquezas ou seus desafios?*
- *Qual é sua capacidade ou carga de trabalho atual?*
- *De que tipos de coisas eles gostam? (Onde eles se sentem vivos enquanto trabalham?)*
- *Em quais áreas do trabalho você os viu brilhar?*
- *Que dons eles têm em sua organização que os faz se destacar dos demais?*
- *Que talentos você viu neles?*
- *Que habilidades têm que podem não estar vinculadas à função deles?*
- *Qual é a personalidade ou a estrutura deles?*
- *Onde você os vê indo além do que é esperado em suas funções?*

Enquanto responde a essas perguntas, tente ter uma noção da pessoa como um todo. Então use a criatividade. Comece com um quadro em branco e imagine que está construindo sua equipe do zero. Baseado no que sabe sobre cada membro da equipe, eles estão nos lugares certos? Como seria sua equipe nesse estado reimaginado? Há movimentos que você pode fazer agora para que isso aconteça?

O objetivo deste exercício não é destruir sua organização. Pelo contrário, é posicioná-lo para pensar sempre em maneiras de desbloquear o potencial de seu pessoal e colocá-los no melhor lugar para prosperarem.

CAPÍTULO 12

HÁBITO 7: O HÁBITO DE APRENDER

Cultive a Sua Sabedoria Financeira

Nós temos um problema de educação financeira. Não é só que não sabemos muito sobre o dinheiro; nem sabemos o que não sabemos. E isso é evidente. Mais de três quartos dos norte-americanos dizem que vivem de contracheque em contracheque.[1] O outro quarto diz que não poupou nada para a aposentadoria,[2] e ao menos um em cada cinco não tem economias para emergências.[3]

Infelizmente, a maioria de nós não foi instruída a usar o dinheiro com sabedoria. Não apenas não entendemos como ter uma relação saudável com o dinheiro, mas também não fomos ensinados sobre o que fazer com ele. Espera-se que improvisemos ou descubramos algo entre o ensino médio e a faculdade. E não nos são dadas ferramentas que nos preparem para pagar nossos próprios impostos, entender como evitar os cartões de crédito ou investir o dinheiro apropriadamente.

O dinheiro desempenha um papel importante para garantir uma vida segura e confortável, mas sem as ferramentas certas e treinamento, as pessoas ficam perdidas. Desde cedo, as crianças aprendem com os pais a maior parte do que sabem sobre dinheiro. Mas se a família tratar o dinheiro como um assunto secreto, como foi com a minha, as crianças irão para o mundo sem saber o que o dinheiro pode fazer *por* elas ou *para* elas.

Hoje, muitas pessoas estão afogadas em dívidas porque ninguém as ensinou como nadar na piscina da educação financeira. Alguns pais têm uma vasta experiência no mundo das finanças e ensinam o que sabem aos seus filhos; são nadadores olímpicos, que treinaram seus filhos de forma técnica e apropriada. Mas nem todos têm acesso a essa especialidade. Muitos pais ainda estão tentando entender como criar uma relação saudável com o dinheiro. O resultado dessa falta de conversas relevantes sobre o dinheiro é uma das principais razões pelas quais tantos lutam pela paz financeira. A educação financeira — ou o Hábito de Aprender — é fundamental para descobrir e desfrutar da paz financeira.

POR QUE NÃO FALAMOS SOBRE DINHEIRO

Se você quer ganhar dinheiro fácil, deve aumentar sua sabedoria financeira. Mas, embora o dinheiro seja algo com que interagimos todos os dias, não falamos sobre ele da mesma forma que falamos sobre o clima. Não ouvimos pessoas falando de suas carteiras em uma cafeteria ou conversando sobre seus salários. Não ouvimos pessoas falando abertamente quanto custa fazer o que amam. É um tabu.

Pense nisto: com que frequência você se sentiu capaz de fazer perguntas difíceis e falar livremente sobre sua situação financeira? Se sua resposta é próxima de "nunca", você não está só. É normal entrar em tópicos nos quais nos sentimos confiantes e temos conhecimento. Naturalmente, não queremos nos juntar a conversas com que não nos sentimos confiantes. Então não falamos muito sobre dinheiro simplesmente porque não sabemos muito sobre o assunto. E não queremos que as outras pessoas saibam que nós não sabemos.

Talvez você tenha crescido em uma família que tinha boas intenções, mas projetava uma imagem ruim das finanças. Talvez as conversas, a linguagem corporal e a energia sobre o dinheiro sempre tenham feito com que você sentisse isso como algo negativo. Assim, você nunca viu o dinheiro de uma forma positiva.

Mas aqui está a questão: você não pode atrair algo bom para sua vida se tiver medo de falar a respeito. O dinheiro virá até você quando você estiver pronto para ele, mas raramente virá se você não puder falar dele positivamente. Quando percebi que havia energia negativa em torno das minhas conversas sobre o dinheiro, tudo começou a se abrir para mim.

Foi uma surpresa para mim quando convidados de meu programa começaram a perguntar sobre meu dinheiro. Eu sempre senti como se estivesse sob um microscópio para discutir minhas finanças na frente de minha audiência, mas isso ajudou a superar meu medo de falar sobre dinheiro. Com o tempo, se tornou algo natural, e eu já não tinha receio de falar sobre. Foi aí que percebi que, quanto mais pessoas eu tinha no programa que compartilhavam seus conhecimentos sobre dinheiro, mais minha audiência aumentava. Claramente, as pessoas queriam participar da conversa.

Tem alguém em sua vida que fica confortável ao falar sobre dinheiro com você? Pode ser um amigo, um membro da família, um colega ou mentor. Se você conhece pessoas que nunca falaram sobre dinheiro perto de você, pergunte-lhes por quê. Não tenha medo de perguntar se elas estariam interessados em ter mais conversas sobre o dinheiro.

INICIE A CONVERSA

Uma das melhores formas de aprender é fazendo perguntas. Pergunte a pessoas que sabem mais do que você como elas veem o dinheiro. Procure aprender com os melhores e aplique o que aprendeu. Veja o que funciona ou não. Se estiver disposto a fazer perguntas, poderá realmente dominar o tema do dinheiro.

Aqui estão algumas perguntas iniciais simples que você pode fazer e aumentar o número de conversas sobre dinheiro. Para evitar mal-entendidos, eu as formularia dizendo algo como: "Estou querendo aprender mais sobre como administrar dinheiro, então estou procurando conversar com pessoas com quem posso aprender. Posso fazer algumas perguntas?"

Então comece com algumas das perguntas a seguir:

- Que porcentagem de sua renda você destina às suas despesas mensais e por quê?
- Quanto você separa para poupar todos os meses?
- Para que coisas você gosta de poupar dinheiro e por quê?

- Você investe? Onde e por quê?
- Quanto você separa para doar ou ajudar causas que apoia?
- O que você gostaria que tivessem lhe falado sobre dinheiro quando era mais novo?
- O que você aprendeu sobre dinheiro recentemente?

Essas são perguntas para iniciar uma conversa, é claro, e você pode ficar à vontade para criar as suas próprias. Quando encontrar pessoas que podem ajudá-lo a falar abertamente sobre dinheiro, você começará a aprender mais sobre como ele pode funcionar a seu favor, além de desafiar sua própria História com o Dinheiro.

Não se contente apenas em falar sobre dinheiro. Como a maioria das coisas na vida, se quiser que algo cresça, precisa investir naquilo. Esse investimento pode ser dinheiro, tempo, energia ou uma combinação dos três. Quando você está disposto a se expor e fazer pesquisas, estudar, aprender e encontrar as fontes com as quais se identifica, está no caminho certo para a educação financeira.

Nunca é uma aposta ruim quando você investe em si mesmo. Quer você possa investir muito ou pouco em sua educação financeira, há muitos recursos disponíveis que você pode incluir em sua rotina de aprendizado, como:

- Masterminds
- Sites de membros
- Livros
- Cursos digitais
- Vídeos no YouTube
- Podcasts
- Blogs
- Encontros
- Fóruns
- Conferências

Nunca é uma aposta ruim quando você investe em si mesmo.

Quanto mais você aprende, mais confiante fica para compartilhar novas informações e ideias com os outros. Ao compartilhar o que está aprendendo sobre dinheiro, você pode despertar o interesse das pessoas ao seu redor. Conforme o entusiasmo aumenta, os pensamentos negativos sobre conversas relativas s dinheiro serão substituídos por curiosidade e ótimas perguntas à medida que mais amigos e familiares abandonam o estigma de falar sobre dinheiro.

Eu levo a sério o conceito de aprendizado eterno. É a chave de meu sucesso. Ano após ano, eu invisto em coaches que me ajudam a melhorar em áreas que acho importantes com base em meus interesses durante as diferentes temporadas de minha vida. Em certo momento, tenho um coach para me exercitar. Já tive um coach de espanhol, para dominar um novo idioma. Tenho terapeuta, mentores de negócios, conselheiros financeiros e muitos outros.

Estou sempre investindo em novas maneiras de aprender e crescer, porque sinto que estarei regredindo se não melhorar minha base de conhecimento e desenvolver minhas habilidades. É por isso que você sempre me verá fazendo anotações em meu programa. Eu tenho fome de aprendizado.

QUESTIONE CONSELHOS PASSADOS

O guru financeiro Dave Ramsey passou de uma carteira imobiliária de US$4 milhões aos 26 anos para a falência e perder tudo aos 30. Em uma conversa particular, ele me contou como se sentiu com essa experiência: "A dor é uma professora completa. Foi uma época próspera. O fertilizante estava em todos os lugares — muitos lugares para as coisas crescerem."[4]

Essa mentalidade é profunda. Quando as coisas dão errado, olhar para a experiência como uma oportunidade de crescimento é a perspectiva de um aluno aprendendo com seu professor. Muitos deixam os erros e equívocos do passado decidirem seu futuro entendimento de dinheiro. Eles deixam que sua história com o dinheiro seja uma desculpa. Outros tentam evitar a responsabilidade, colocando a culpa e a vergonha desse equívoco na primeira pessoa que compartilhou essas crenças com eles. Isso só leva a um beco sem saída. Você tem que estar disposto a confrontar as mentiras de seu passado para crescer em direção ao seu futuro mais rico.

Jaspreet Singh é o criador do Minority Mindset [Mentalidade das Minorias, em tradução livre], um advogado, investidor e CEO tanto do *Market Briefs* quanto do *Market Insider*. Ele esteve no *The School of Greatness* várias vezes. E assumiu como missão tornar a educação financeira divertida e acessível. Ajudou várias pessoas a quitarem suas dívidas, começar a investir e criar um plano para construir riqueza.

Jaspreet me contou que encontrou três mentiras comuns que nos enganam com facilidade:

Mentira 1: Você precisa de um diploma universitário para ficar rico.

Se você recorreu ao crédito estudantil, então se formou com dívidas, ao invés de riqueza. Embora alguns cursos anunciem que seus alunos começarão com um salário de seis dígitos, esses mesmos alunos estão trabalhando duro para pagar suas dívidas. Fora da faculdade, a renda esperada não se alinha com a realidade. Esses ex-alunos tentam administrar um estilo de vida que eles acham que deve refletir o trabalho que têm. Na verdade, trabalhar para uma empresa que está na Fortune 500 ou ter um diploma de bacharel ou pós-graduação não farão as dívidas evaporar. É claro que não estou dizendo que o crédito estudantil é algo ruim. Estou apenas apontando que você não pode simplesmente presumir que um diploma garanta mais dinheiro. Seja estratégico sobre seu caminho de aprendizagem.

Mentira 2: A sua meta principal deve ser escalar na escada corporativa.

Há um engarrafamento na escada corporativa. Se você puder escalá-la enquanto constrói sua própria escada, provavelmente estará mais bem posicionado para o sucesso no longo prazo. Apostar todas as fichas em um único caminho para o sucesso geralmente não leva a que as coisas aconteçam do jeito que você pensa. Nos negócios, tudo é possível, e você não consegue se preparar para todos os imprevistos. Isso significa desistir? De jeito nenhum! Mas significa que, provavelmente, você deve planejar construir uma rota alternativa para o sucesso. Se você perder o emprego corporativo, perde a renda que vem com ele. Mas, se você estiver usando parte de sua renda para criar seu próprio negócio, pode cultivar algo que lhe pertence.

Mentira 3: Uma poupança é um bom investimento

Se você colocar seu dinheiro em uma poupança com juros baixos, estará dando dinheiro ao banco para que ele o invista. Efetivamente, você estará ganhando algo próximo de zero. O banco não investirá em você; ele investirá o seu dinheiro, mas você não verá o retorno desse investimento. Se você montar sua própria carteira de investimentos e colocar seu dinheiro ali, estará dando a ele a chance de trabalhar para *você*, e não para o banco. Eu não tenho problema com bancos, mas prefiro saber que, enquanto estou trabalhando para ganhar dinheiro, meu dinheiro também está trabalhando paralelamente para me ajudar com minha missão.

Talvez você tenha ouvido algumas dessas mentiras em sua própria História com o Dinheiro. Se ouviu, por favor, entenda que as pessoas que lhe deram esses conselhos estavam tentando ajudar. E é bem provável que esses sejam os mesmos conselhos que elas receberam.

O objetivo aqui não é confrontar as pessoas por compartilharem desinformação, mas ajudá-lo a ver que você não tem que continuar seguindo e compartilhando os mesmos conselhos, *se ele já não serve para você*. Trata-se de analisar as coisas que aprendeu e decidir o que ainda parece relevante e o que você pode deixar de lado para abrir espaço para novas informações, ideias e crenças.

O FLUXO DE CONHECIMENTO FINANCEIRO

Não é sobre você. É assim que Rick Warren começa o seu best-seller *Uma Vida com Propósitos*. E o mesmo é verdade quando você quer adquire mais sabedoria financeira.

Por mais contraintuitivo que possa parecer, se você quer uma vida mais rica e abundante, não pode simplesmente se esforçar para obter mais conhecimento para seu uso próprio. Você tem que pensar em como seu conhecimento pode servir as pessoa à sua volta. Ironicamente, ao pensar nos outros enquanto você desenvolve seu conhecimento, na verdade, você se posiciona para ganhar mais dinheiro.

Eu chamo isso de Fluxo de Conhecimento Financeiro. E funciona assim:

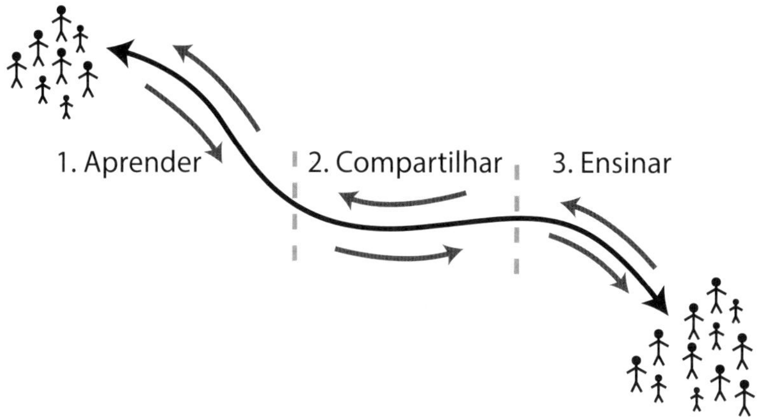

Fase 1: Aprender. *Procure* pessoas que saibam mais do que você. Você pode adquirir esse conhecimento por meio de livros, entrevistas, podcasts e outros tipos de mídia, mas também vai querer ter acesso a mentores financeiros que possam aumentar seus próprios níveis de educação financeira. Se você acha que aprenderá tudo sozinho, levará mais tempo e perderá muitas coisas que poderia aprender com as vitórias e erros dos outros. E à medida que aprende, terá mais sabedoria para...

Fase 2: Compartilhar. *Conte* com os outros que estão em um lugar parecido ao seu em sua jornada financeira. Compartilhe o que você aprendeu na própria vida para encorajar, apoiar e elevar uns aos outros para alcançar o próximo nível. Ser generoso com relação ao que você aprendeu não apenas ajuda a tornar o mundo melhor, mas também o posiciona como fonte de informações valiosas. Conforme sua rede cresce, sua reputação de sabedoria financeira também crescerá e você poderá...

Fase 3: Ensinar. *Invista* nos outros que podem se beneficiar do que você aprendeu. Não esqueça que a melhor forma de aprender de verdade é ensinando aos outros o que você aprendeu. Busque formas de ensinar o que você aprendeu para pessoas que talvez não tenham acesso às suas conexões ou que não tenham tido as mesmas oportunidades que você. Não se esqueça de olhar para baixo e puxar os outros enquanto sobe. Você sempre poderá encontrar alguém que não sabe ainda o que você já aprendeu. Essa prática tem origem no Hábito 1: o Hábito de Mentalizar (Capítulo 6), de ser generoso com o que tem para ajudar a elevar os outros à medida que avança. E, ao ensinar, você retoma o processo e começa a aprender com aqueles que ensinam e que te trazem novas perspectivas e percepções.

Quando aprende, compartilha e ensina, você aumenta o Fluxo de Conhecimento Financeiro. À medida que o momentum aumenta, ele continua a elevar os outros e a impulsioná-lo também.

AS SETE LIÇÕES DA BABILÔNIA

Um dos livros mais influentes sobre riqueza já escritos é *O Homem Mais Rico da Babilônia*, de George Samuel Clason. Não importa se estou falando com milionários, bilionários ou investidores casuais, esse livro sempre surge quando discutimos riqueza, dinheiro e investimentos. As pessoas usam seus princípios há muitos anos como uma luz para construir riqueza duradoura.

O livro compartilha sete lições fundamentais. Como foi escrito como uma parábola, em 1926, modernizarei seus conceitos e adicionarei alguns insights que recebi de entrevistas com meus convidados ao longo do anos:

1. **Pague a si primeiro.** Durante as instruções de segurança dos aviões, os comissários dizem: "Coloque a máscara primeiro em você antes de ajudar aos outros." Mas, quando se trata de dinheiro, você pode querer pagar aos outros primeiro. Você dá um presente para seu cônjuge ou um novo par de sapatos para um amigo antes de guardar dinheiro para si. Em vez disso, você tem que garantir primeiro que seu copo esteja cheio para, aí sim, começar a encher o de outrem. David Bach, especialista financeiro e autor de dez best-sellers do *New York Times*, coloca assim: "Primeiro precisamos fazer uma promessa a nós mesmos de sermos egoístas financeiramente e focar em nossas próprias metas financeiras, antes daquelas de qualquer outro."[5]

   Comece reservando uma porcentagem do que você ganha para sua poupança ou investimentos, para se preparar para o futuro. Dessa forma, você se prepara financeira e proativamente para situações inesperadas que possam surgir. Mas quanto dinheiro reservar? David sugere uma hora do que você ganha por dia. Então, se você ganha US$100 de um dia de trabalho de 10 horas, separe US$10.

O investidor do *Shark Tank* e empreendedor em série Kevin O'Leary diz que devemos reservar 10% de qualquer centavo que ganhamos — sem questionamentos. O meu conselho para quem está tentando construir um negócio ou alcançar uma meta importante é que você pode ir o quão devagar quiser; só não pare. Faça o que puder para economizar, mas assuma o compromisso de cumpri-lo.

Tony Robbins diz para pensar nas suas economias como um imposto cobrado sob o qual você não tem controle. Imagine como se fosse eterno — e que simplesmente é "pago" a você todos os meses. Automatizar esse valor torna ainda mais fácil para você ignorar a conta que está aumentando mês após mês.

2. **Controle seus gastos.** Essa é boa — viver dentro de suas possibilidades é uma lição muito facilmente negligenciada, mas de vital importância. Você pode culpar o estilo de vida do Instagram, a obsessão da sociedade por coisas materiais ou uma penca de coisas. A verdade é que gastar demais e não conseguir controlar seus gastos sempre foi um problema.

   As pessoas que não costumam ter muito dinheiro geralmente gastam muito e rápido quando o têm. Você vê isso direto com esportistas e celebridades, mas também acontece com qualquer um que ganha algum dinheiro extra. É animador ver o dinheiro entrando e parece legal se recompensar gastando-o.

   Viver dentro de suas possibilidades começa com a definição de um plano de gastos e o seu cumprimento. Não importa se você ganha US$30 mil ou US$3 milhões, aprender a controlar suas despesas — saber o quanto e onde você pode gastar — cria uma pedra fundamental sobre a qual você pode construir um patrimônio de longo prazo. O bilionário e lendário investidor Ray Dalio diz que o primeiro passo para controlar suas despesas e fazer um orçamento é descobrir quanto você economizou e quanto tempo essas economias durarão se você perder todas as fontes de renda. Em seguida, defina quanto você quer aumentar esse valor.

Digamos que você tem economias para os próximos três meses, sem outra entrada, mas quer ter para dois anos. Calcule o quanto precisa guardar a cada pagamento ou mês para alcançar esta meta. Quanto tiver um número em mente, automatize-o.

Com a tecnologia disponível, use apps que podem ajudá-lo e ver onde está gastando seu dinheiro. Eles podem, inclusive, ajudá-lo a definir metas para poupar para uma viagem ou uma grande compra, em vez de passar o cartão de crédito e não ter dinheiro para pagar quando chegar a fatura.

3. **Faça o dinheiro se multiplicar.** Outro mentor que tive, Tony Robbins, escreveu um best-seller número 1 do *New York Times* chamado *Dinheiro: Domine Esse Jogo*. Ele diz que a pior troca do mundo é a de tempo por dinheiro. É melhor maximizar o dinheiro que você está ganhando e ver como multiplicá-lo de diferentes maneiras.

   Não importa se você ganha muito ou pouco, o pagamento por hora sempre terá um limite máximo de ganhos, porque você só pode estar em um lugar a cada momento. Se você é o consultor mais bem pago de seu setor, ainda assim deve encontrar uma forma de gerar uma renda passiva com o dinheiro que está ganhando.

   Existem formas de multiplicar seu dinheiro mesmo que não seja possível investir em ativos de alto valor, como imóveis ou franquias. Depois de situar suas economias, talvez você queira aprender e investir em ações, títulos, IRAs, fundos de índice, fundos mútuos ou até mesmo em um 401k. Ray Dalio começou a trabalhar no mercado de ações bem jovem, investindo o dinheiro que ganhava como caddie em um campo de golfe.

Assim como trabalhar com suas economias, a coisa mais importante a ser lembrada ao tentar multiplicar seu dinheiro é fazer um plano e segui-lo de forma consistente.

4. **Proteja o seu dinheiro das perdas.** Essa questão pode ser complicada, porque, para os empreendedores, a disposição de assumir riscos é algo natural. Quando se trata de construir uma riqueza duradoura, precisamos abordar o dinheiro de forma diferente. Ramit Sethi, autor de *Como Ficar Rico* e fundador de uma organização com o mesmo nome, é mestre em mercado de ações e investimentos. Algo que ele disse me surpreendeu de verdade: Ramit só verifica sua carteira de ações uma vez por mês. Isso o ajuda a evitar reações baseadas na situação do mercado no dia, a evitar comprar algo só porque está em alta e a se concentrar no que é mais seguro, estável e duradouro. Como todas as contas de Ramit são automatizadas, ele não precisa se preocupar com o destino de seu dinheiro. Pode relaxar e deixar que o jogo de longo prazo trabalhe a seu favor.

   Diversificar sua carteira é outra boa estratégia para reduzir os riscos. Eu sei que é divertido fazer transações diárias e tentar derrotar o sistema. Mas a realidade é que algumas das maiores firmas do mundo gastam centenas de milhões de dólares em pesquisa de mercado. Não é uma luta justa, então a melhor forma de aumentar suas chances de os investimentos darem certo é não colocar todos os ovos na mesma cesta.

   Isso não significa que você não pode se divertir um pouco com Bitcoin, criptomoedas ou outros investimentos instáveis. Ramit e eu agimos como investidores-anjos ao longo dos anos e, embora nenhum de nós tenha recebido nosso dinheiro de volta, nos divertimos muito. Abordamos isso como uma aposta, em vez de como um investimento para mais dinheiro no futuro. Quando se trata de assumir riscos financeiros, não invista mais do que você pode perder.

5. **Tenha sua casa.** Essa é discutível hoje em dia. Alguns dizem que você não deve ser proprietário de sua casa imediatamente, porque deve pegar essa grande quantia e investi-la em si mesmo primeiro, ou talvez em outro ativo que renda mais juros e crie fluxo de caixa. Depois, quando tiver outro nível de poupança e renda, aí poderá adquirir sua própria casa.

   Mas todos já ouvimos a importância de ter uma casa, uma residência em um condomínio ou um apartamento como um ativo estável e que, geralmente, aumenta de valor com o tempo. Dave Ramsey fala muito disso, mas o princípio não se aplica somente ao setor imobiliário. Também pode ser aplicado a investimentos em negócios. Você quer entender onde está quando se trata de ter a sua casa, mas quer "ter sua casa" investindo em si mesmo.

   Independentemente do setor ou da carreira que tenha, vise algum tipo de propriedade. Isso pode incluir aproveitar a oportunidade de monetizar seu conjunto de habilidades, fazer parte de uma empresa ou criar sua própria empresa paralelamente. E se você está em uma posição no trabalho em que possa obter uma participação, algumas ações ou patrimônio, essa seria uma forma eficaz de fazê-lo. Se você for o proprietário de uma empresa, isso pode significar investir dinheiro de volta na empresa para ajudá-la a crescer mais e mais rápido.

   Mesmo que você não esteja nessa posição agora, todos temos a oportunidade de nos tornarmos proprietários parciais de uma empresa por meio do mercado de ações. David Bach me disse que só há duas escadas rolantes para construir riqueza em longo prazo: imóveis e mercado de ações. Se você ainda não o fez, capacite-se começando aos poucos e construindo sua carteira para aumentar seus investimentos de longo prazo. Tudo se resume a acumular riqueza ao longo do tempo.

Não invista mais do que você pode perder.

6. **Garanta uma renda futura.** Isso não significa necessariamente que você deve tentar ter um milhão de seguidores no Instagram ou ficar famoso no TikTok. Seguir essa lição pode ser tão simples quanto criar um site para mostrar seus designs, se você for um designer gráfico, e fazer networking com outros designers de sua região em encontros, conferências ou eventos. Se você for um coach de negócios, isso pode significar publicar vídeos no YouTube mostrando sua experiência.

   Não vou mentir e dizer que os números não são importantes, mas eles não são a parte mais importante. A publicação de conteúdo alinhado com sua marca pessoal demonstra paixão e pode prepará-lo para o sucesso futuro. Isso permite que os outros vejam que você se importa com o trabalho que faz.

   Hoje, tudo o que é publicado online é um currículo. Seja produtivo e proativo construindo sua marca pessoal por meio dele. Não roube seus talentos do mundo! Tenha orgulho de seu trabalho e mostre os dons que recebeu. Pode não parecer que você está fazendo muito no curto prazo, mas acredite, é uma das melhores coisas que você pode fazer por si para realmente garantir que sua renda futura seja garantida e à prova de recessão.

   Lançar uma atividade secundária usando suas noites e seus fins de semana para criar outra fonte de renda pode potencialmente proporcionar um colchão financeiro e lhe dar mais dinheiro para adicionar aos seus investimentos. Cerca de um terço dos norte-americanos tem um negócio paralelo, e outros têm planos de começar um em breve. Você está em boa companhia, se está pensando em uma atividade paralela agora.

7. **Aumente sua capacidade de ganhar.** Se você já está administrando um negócio ou uma atividade paralela, pode começar simplesmente aumentando suas taxas. Isso pode permitir que você ganhe mais e, potencialmente, trabalhe menos. E fica mais fácil à medida que você ganha mais experiência e reconhecimento em seu setor. É claro que mais produtos levam

a mais vendas potenciais em seu negócio. Apenas certifique-se de que eles agreguem valor e resolvam um problema real para seus clientes.

Outra forma de aumentar sua capacidade de ganhar é expandindo seu alcance e obtendo mais leads com seu marketing e sua publicidade. Pense de forma crítica sobre seu público-alvo e as plataformas que ele está usando. Decida o tipo de conteúdo que você pode criar nessa plataforma e o conteúdo que você pode criar e transformar em um webinar, e-book ou curso online.

Conforme cresce, você pode aumentar a eficiência criando sistemas replicáveis e fluxos de trabalho que automatizam e otimizam seu processo. Quando as pessoas de sua equipe conseguem entender como fazer as tarefas de modo mais eficiente e encontram as respostas às suas perguntas nos sistemas, você tem mais tempo para se concentrar em tarefas mais importantes.

Por fim, ter uma equipe experiente e dedicada é um dos melhores investimentos que você pode ter para seu negócio. Recuperará seu tempo permitirá que você se concentre naquilo em que é bom e ajudará a preparar o caminho para o crescimento exponencial.

APRENDA MAIS PARA GANHAR MAIS

Se você quer ganhar mais, aprenda mais. A capacidade de aprender pode transformar qualquer situação em ganho. Cometi vários erros em minha jornada e aprendi muito com eles. Por exemplo, quando experimentei o investimento-anjo pela primeira vez, não sabia nada sobre investimentos.

Se você quer ganhar mais, aprenda mais.

Sem pesquisa alguma, investi US$25 mil. Depois, fiz sete ou oito investimentos, alguns superiores a US$50 mil. Em dado momento, cheguei a colocar US$100 mil. Nos dez anos seguintes, não obtive praticamente nenhum retorno desses investimentos.

Relembrando, eu não diria que foi um desperdício. Foi uma das lições mais esclarecedoras que tive sobre investimentos. Não vá às cegas ou você acabará cego. Aprender essa lição fez com que a experiência valesse a pena.

Se eu não tivesse me envolvido com esse tipo de investimento, não teria aprendido o que fazer e o que não fazer nesse setor. Também aprendi a reduzir minhas perdas e reavaliar minhas opções. Precisei aprender em que investir, com quem, de quais parceiros precisaria e por que o investimento-anjo é tão arriscado em geral.

Eu poderia ter aprendido sem ter perdido dinheiro? É claro, mas eu não sabia o que não sabia. Essa situação me deu uma ótima oportunidade para crescer em educação financeira, além de me dar uma história para compartilhar e evitar que outros cometam os mesmos erros.

Hoje me sinto confortável em demorar mais para tomar decisões. Não me sinto apressado quando algo está em alta. Avalio, recebo feedback e procuro as melhores pessoas da área para aprender mais com suas experiências antes de me arriscar.

É claro que eu não aprendi isso logo de cara, principalmente quando ouvi pela primeira vez sobre a novidade chamada criptomoeda. Mais uma vez, as pessoas achavam que era o próximo grande acontecimento e ficaram realmente empolgadas com ela. Eu não sabia quase nada, mas pensei: *Talvez elas tenham razão. Eu devia entrar nisso.* Fiz pouca pesquisa e investi US$100 mil nisso. Em essência, cometi o mesmo erro duas vezes: eu não aprendi mais, mas ainda esperava ganhar mais.

Eu me preparei para dificuldades financeiras, estresse e decepção. Fiquei triste com minha perda e comigo mesmo, porque achava que devia ter previsto aquilo. Mas a realidade é que eu sou humano. Aprendi que mesmo uma perda tão grande não é o fim do mundo.

É claro que fiquei desapontado, mas eu sabia que ficaria bem. Isso foi uma lição em si: eu podia me dar ao luxo de cometer erros. Talvez não o tempo todo, mas quando os cometia, podia sobreviver e aprender com eles.

Por exemplo:

> Sinto que, *não importa o quanto trabalhe, nunca tenho dinheiro suficiente. Mas a verdade é que minhas necessidades são atendidas e eu tenho um dom para compartilhar com o mundo. Usarei meu tempo com sabedoria e criarei uma renda extra que me permita compartilhar meu dom com outras pessoas e, no processo, receber uma rica recompensa financeira.*

Será necessário um pouco de trabalho para acreditar na verdade, mas continue voltando a ela pelo tempo que for necessário para dominá-la.

Exercício 2: Aprenda com os Melhores

Tive o privilégio de falar com alguns dos maiores especialistas financeiros do mundo no *The School of Greatness* e gostaria de desafiá-lo a aprender com eles, assim como eu fiz. Adicione esses episódios [em inglês] à sua fila e, nas próximas duas semanas, ouça e assista a todos. Faça anotações, aprenda, compartilhe com outras pessoas e ensine as lições. Isso ajudará a internalizar a sabedoria deles e o levará a dominar o Hábito de Prender.

- Jaspreet Singh
- Dean Graziosi
- Alex Hormozi
- Rachel Rodgers
- Ray Dalio
- Dave Ramsey
- Tony Robbins
- Grant Cardone
- Rory Vaden
- Ramit Sethi
- Bob Proctor
- Joe Dispenza
- Gino Wickman
- Ken Honda
- Patrick Bet-David
- Chris Guillebeau
- Daymond John
- Barbara Corcoran
- Jen Sincero

Nota: A sua história é única para você, portanto, lembre-se de que os conselhos dados nesses episódios são opiniões de palestrantes, e não estratégias garantidas para o sucesso financeiro.

CONCLUSÃO

VAMOS FAZER!

Você conseguiu! Ao chegar ao fim desse livro, você mostrou que é séria a intenção de mudar para melhor a direção de sua História com o Dinheiro.

Espero que as lições nestas páginas tenham sido úteis para você como foram para mim ao longo dos anos. Tenho certeza de que você está animado para começar, mas antes de viver sua nova História com o Dinheiro e desfrutar de uma relação mais saudável com ele, espero que pare um momento para refletir sobre o quão longe você já chegou.

- Seus sentimentos com relação ao dinheiro mudaram?
- Como você se sentiu encorajado durante essa parte de sua jornada?
- Onde você experimentou a cura de seu passado?
- Onde você acha que precisa de mais trabalho de cura?
- Quais são os hábitos que mais lhe chamaram a atenção?

As lições deste livro são apenas o primeiro capítulo em sua nova História com o Dinheiro. É necessário uma disciplina diária para reforçar esses hábitos em sua vida. Sei por experiência própria. Todas as manhãs, eu me reoriento na direção desses hábitos e tenho como meta viver constantemente em missão.

Preparei um pequeno teste para avaliar a saúde de sua relação com o dinheiro agora, mas primeiro, uma das coisas mais importantes que você já pode fazer é se reconectar com cada um dos Sete Hábitos com o Dinheiro de forma regular.

Hábito 1: O Hábito da Mentalizar: Viver Generosamente

Eu o encorajo a voltar intencionalmente ao Hábito 1 todos os dias. Faça questão de dizer algo pelo qual você é grato e pense sobre isso. Considere ativamente como você pode melhorar sua gratidão aos outros e por eles. Faça desse o seu último pensamento diário antes de colocar a cabeça no travesseiro. Dessa forma, você começará cada dia revigorado e pronto, com o coração cheio de gratidão.

Nem sempre será fácil. Às vezes, talvez você precise ser lembrado de que deve ser grato. Mas isso faz uma diferença enorme. Viver com gratidão e uma mentalidade positiva todos os dias o prepara para tudo o que vem depois e multiplica todos os hábitos.

Hábito 2: O Hábito de Estruturar: Planeje a Sua Vida

Se não estruturar o futuro, você tenderá a repetir o passado. Você pode viver uma vida sem voltar aos erros do passado ao se concentrar nos planos futuros. Viver esse hábito significa que você está sempre correndo em direção aos seus objetivos. Aproveite as lições que aprende ao longo do caminho e deixe o resto para trás. Sempre se esforce para saber onde você está e para onde está indo.

Ao se recusar a viver no passado, você evita ser controlado por ele. Quando você avança para a frente, é mais capaz de projetar sua visão para os outros verem. Além disso, ao fazer um plano e cumpri-lo, você se recupera mais rápido de contratempos. Você aprende onde se desviou do caminho e como perseguir suas metas com a mesma paixão que o fez começar. Então estará bem posicionado para planejar um dia, um ano e uma vida mais rica.

Hábito 3: O Hábito de Monetizar: Aprecie o Seu Valor

A forma como você escolhe viver o leva bem próximo de quem sonha ser. À medida que busca subir na Escada de Apreciação de Valor, você aumenta o apreço pelo seu próprio valor e sua paixão por agregar valor aos outros.

Quando você consegue ser seguro e confiante, as pessoas conseguem ver melhor quem você é e decidir se você é alguém que elas querem seguir. Se vir pessoas desanimadas com algo que você faz, pergunte-se por que isso acontece e se você pode corrigir alguma coisa. Esse feedback é essencial para criar seu valor e aprender a monetizá-lo.

Se sua renda depende de você ser quem é, isso funciona como um grande controle sobre qualquer tentação de ser falso. Quanto mais você for quem é, maior será a probabilidade de resultados. Aprecie seu valor.

Hábito 4: O Hábito de Programar: Encontre os Seus Relacionamentos Influentes

Não pergunte o que suas conexões podem fazer por você, mas o que você pode fazer por elas. Comece servindo — lembre-se de usar a Alavanca de Serviço para Valor (capítulo 9). Você cresce mais rápido se tiver quem o puxe para cima, ao invés de para baixo.

Encontre pessoas que podem ensinar o que sabem. Busque esses relacionamentos que evitarão que você aprenda todas as lições difíceis sozinho. Não há problema em estar disposto a aprender. Mas você pode evitar muitos erros aprendendo com os colegas de sua área, em vez de ter que aprender tudo sozinho.

Não deixe as pessoas pensarem que você é quem não é. Prometo que, à medida que você crescer, continuará a ver as pessoas se interessando por você e por quem você é. Em breve você encontrará a família financeira que escolheu e estará ganhando dinheiro fácil.

Hábito 5: O Hábito de Persuadir: Torne-se um Artista da Persuasão

Persuadir é uma arte. Eu vivo minha vida pronto para me conectar com qualquer um. Foi por isso que fiquei tão encantado com o LinkedIn logo de cara. Quanto mais animado você ficar com o que está fazendo, mais pessoas ficarão animadas para trabalhar com você.

As conexões são o lugar onde as sementes do relacionamento brotam. Mas a persuasão é onde a magia acontece. Ela ocorre quando você envolve os outros em sua visão. Sua consistência, paixão e capacidade de alcançar suas metas também as atrairão. Por fim, as pessoas o seguirão e você verá uma equipe se formando.

Mas a persuasão nunca acaba. O crescimento vem de sua capacidade de liderar e bem. Siga o Princípio do Poder Pessoal: *o quão bem você lidera a si mesmo determina o seu poder de liderar os outros.* Quando você convence os outros, dá às pessoas a oportunidade de se juntar à sua visão e persegui-la juntos.

Hábito 6: O Hábito de Mobilizar: Delegue para Capacitar os Outros

Se você quiser algo bem feito, faça você mesmo. Se quiser algo ótimo, faça com os outros. Todos os dias, se estiver disposto a abrir mão e aproveitar, você tem a oportunidade de delegar. Encontrar o equilíbrio leva tempo, mas faz a diferença.

Quando você aproveita os pontos fortes dos outros, pode encontrar maneiras de cobrir seus pontos fracos. É assim que se constrói uma equipe forte.

Eu nunca vi algo grandioso que tenha sido construído em apenas um dia. Isso demanda tempo e esforço, mas vale a pena. A delegação permite à sua equipe se tornar *nós*, ao invés de *eu*. Ainda é a sua visão, mas não significa que você tem que andar sozinho.

Se você está começando um negócio, resista à tentação de ser um "empreendedor helicóptero". O Hábito de Mobilizar permitirá que você lidere sua equipe para superar os obstáculos, se adaptar à mudança e crescer mais rápido que seus competidores. Isso pode levá-lo de bom a ótimo — e além.

Hábito 7: O Hábito de Aprender: Aumente o Seu Conhecimento Financeiro

O Hábito de Aprender tem tudo a ver com o conhecimento, portanto, assuma o compromisso de aumentar um pouco mais sua experiência com o dinheiro a cada dia. Pratique esses hábitos diariamente para aumentar a probabilidade de se tornar um mestre do dinheiro. O Hábito de Aprender é sobre conhecimento. Você tem o potencial para ser o melhor e mais brilhante que pode ser, mas precisa estar disposto a aprender.

Sempre que não conseguir cumprir ou perder um prazo, ou quando as coisas não saírem como o planejado, aprenda com isso. Cada passo dado é uma oportunidade para se adaptar e superar. Lembre-se de que o mestre em qualquer assunto se dedica ao trabalho. Eles são disciplinados e sabem o que fazem. Eles aprenderam o que funciona ou não e conquistaram suas formações por meio de tentativa e erro.

A educação financeira é fundamental para criar paz financeira. Foque os princípios do Fluxo de Conhecimento Financeiro: Aprender. Compartilhar. Ensinar. Você nunca para de crescer! De fato, ainda tenho um longo caminho a percorrer. Mas essa é a parte excitante. Todos os dias, você aprende mais. E conforme aprende mais, se abre para ganhar mais.

Agora vamos ver até que ponto os hábitos já fazem parte da estrutura de sua vida. Isso o ajudará a ver onde você é mais forte no momento e onde precisa se esforçar mais para crescer.

Faça essa simples avaliação para descobrir a pontuação de seus Hábitos com o Dinheiro:

Avaliação do Hábito com o Dinheiro

Dê a cada declaração uma nota de 1 a 10.

(1 = "Discordo totalmente" e 10 = "Concordo totalmente")
Até que ponto as declarações a seguir o descrevem com precisão neste momento?

O Hábito de Mentalizar

1. Vivo com um coração agradecido, expresso minha gratidão com frequência e a pratico todos os dias. ☐
2. Doo generosamente o que tenho para ajudar os outros. ☐
3. Penso de uma forma abundante, que atrai dinheiro para mim. ☐

Pontuação Total: ____________

O Hábito de Estruturar

4. Tenho a intenção de planejar meu futuro e não repetir o passado. ☐
5. Tenho uma visão clara do dinheiro, com números reais, e um plano prático para alcançá-los. ☐

6. Mais do que dinheiro, meus planos incluem viver uma vida rica e com propósito. ☐

Pontuação Total:

____

O Hábito de Monetizar

7. Aprendi a apreciar meu próprio valor e posso falar facilmente qual é. ☐
8. Sei como embalar meu valor para torná-lo atraente para o mercado. ☐
9. Protejo regularmente o meu valor contra perspectivas negativas, medo e dúvidas. ☐

Pontuação Total:

____

O Hábito de Programar

10. Começo pensando como posso servir aos outros, e não como eles podem me servir. ☐
11. Cultivo relações para me cercar da comunidade financeira que escolhi, intencionalmente. ☐
12. Sempre pergunto aos outros para saber como posso atender melhor às suas necessidades. ☐

Pontuação Total:

____

O Hábito de Persuadir

13. Sou apaixonado pelo que faço e todos sabem disso! ☐
14. Estudo sobre liderança para aumentar minha influência e persuadir os outros sobre minha visão. ☐

15. Eu me conduzo bem primeiro, para que possa estar mais bem posicionado para persuadir os outros. ☐

Pontuação Total:

____

O Hábito de Mobilizar

16. Delego com rapidez e facilidade, para aproveitar os pontos fortes dos outros. ☐
17. Sei o meu valor e delego tudo o que não me proporciona valor. ☐
18. Sou especialista em mobilizar minha equipe para entregar o melhor e aumentar nossos resultados. ☐

Pontuação Total:

____

O Hábito de Aprender

19. Procuro formas de aprender regularmente para poder ganhar mais. ☐
20. Eu me envolvo em conversas sobre dinheiro e gosto de falar disso com os outros. ☐
21. Busco ativamente aprender, compartilhar e ensinar, para que o conhecimento sobre dinheiro flua livremente. ☐

Pontuação Total:

____

Anote sua pontuação de cada hábito no espaço em branco correspondente na pirâmide a seguir:

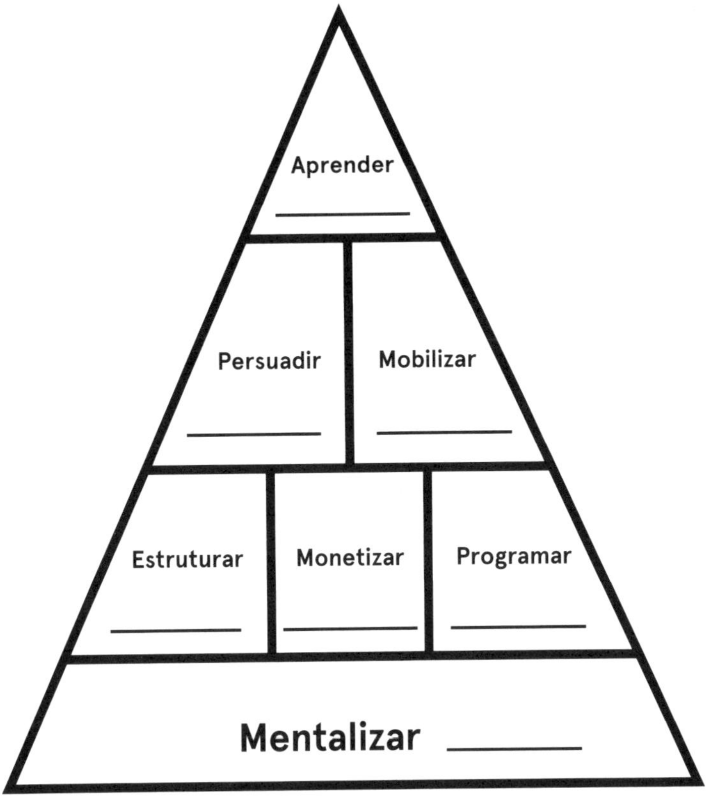

Qual hábito teve a maior pontuação?

____

Em qual hábito você precisa se concentrar melhor?

____

Tome uma Atitude: Com base no que leu, que ações práticas você tomará a seguir para ajudá-lo a crescer em sua próxima Área de Foco de Hábito?

1. ____

2. ____

3. ____

CAPÍTULO 7

1. Richard Batts, "Why Most New Year's Resolutions Fail", *Lead Read Today*, Fisher College of Business, Ohio State University, 2 de fevereiro de 2023, https://fisher.osu.edu/blogs/leadreadtoday/why-most-newyears-resolutions-fail#:~:text=Researchers%20suggest%20that%20 only%209,fail%20at%20New%20Year%27s%20resolutions.
2. Paulo Coelho, "1 Minuto de Leitura: O Pescador e o Empresário", Paulo Coelho, *Stories and Reflections*, 16 de março de 2021, https://paulocoelhoblog.com/2015/09/04/the-fisherman-and-the-businessman/.
3. Lewis Howes, "Neuroscientist Reveals How to Never Lack Willpower Again!", Kelly McGonigal e Lewis Howes, YouTube, 18 de setembro de 2022, https://www.youtube.com/watch?v=m-V3aoHuS29o&list=PLM G5w22POeeykqONbfGi00m4AqxhnzmWc&index=166.
4. Ibid.
5. Lewis Howes, "The Key Signs You're Going to Become Successful and Wealthy", Patrick Bet-David e Lewis Howes, YouTube, 12 de agosto de 2020, https://www.youtube.com/watch?v=6GmTlmpg4Ho.

CAPÍTULO 8

1. Lewis Howes, "Allyson Felix on Breaking Olympic Records, Shattering Stereotypes and Unleashing Greatness", Allyson Felix e Lewis Howes, YouTube, 19 de junho de 2023, https://www.youtube.com/ watch?v=QtWdusC09Do.

CAPÍTULO 10

1. Howes, "The Most Eye-Opening Speech".
2. Lewis Howes, "How I Went From Broke to Millionaire in 90 Days!", Grant Cardone e Lewis Howes, YouTube, 17 de fevereiro de 2021, https://www.youtube.com/watch?v=IM6I-ejDlzo&t=909s.
3. John Maxwell, Goodreads, acessado em 8 de março de 2024, https://www.goodreads.com/quotes/479285-he-who-thinks-he-leads-but-has-no-followers-is.
4. Wayne Dyer, BrainyQuote, acessado em 11 de março de 2024, https://www. brainyquote.com/quotes/wayne_dyer_154410.

CAPÍTULO 11

1. Lewis Howes, "If You Want to Become a Millionaire, Follow These Steps!", Rachel Rodgers e Lewis Howes, YouTube, 10 de novembro de 2021, https://www.youtube.com/watch?v=1lMkLtjqaps.

CAPÍTULO 12

1. Emily Batdorf, "Living Paycheck to Paycheck Statistics 2024", *Forbes Advisor*, 2 de abril de 2024, https://www.forbes.com/advisor/banking/ living-paycheck-to-paycheck-statistics--2024/#how-many-americansare-living-paycheck-to-paycheck.
2. Andrew Lisa, "Retirement 2024: 28% of Americans Have $0 Saved for Their Golden Years", *Yahoo Finance*, 12 de março de 2024, https://finance. yahoo.com/news/retirement-2024-28-americans-0-110151188.html.
3. Lane Gillespie, "Bankrate's 2024 Annual Emergency Savings Report", *Bankrate*, 30 de junho de 2024, https://www.bankrate.com/banking/ savings/emergency-savings-report/#job-loss.
4. Dave Ramsey, "If You Want to Become a Millionaire Watch This!", Rev.com, https://www.rev.com/transcript-editor/shared/io-_yv8px-co URvZN7C9xgYHXHJkq67xtEYzPB4KcHDti2b6E2zqf5SOXwf0cUXLSf LkUJUWHFW2AitvPfXknfZ9QMr0?loadFrom=SharedLink.

AGRADECIMENTOS

Assim como em meu livro anterior, *O Mindset da Grandeza*, acho que é importante honrarmos nossos egos mais jovens — aqueles que entraram neste mundo e navegaram corajosamente por suas muitas incertezas.

Para a criança em mim, que via fascinado meu pai dar gorjetas em notas de U$2: obrigado por me ensinar a ver a beleza nas coisas pequenas, únicas e inesperadas. A sua admiração e curiosidade me lembram de que cada um de nós tem algo especial para trazer ao mundo. Você estabeleceu a base para a resiliência e a criatividade de que eu precisaria mais tarde.

Para o eu com 24 anos de idade, quebrado em todos os sentidos — financeira, física e emocionalmente —, enquanto vivia no sofá de minha irmã: obrigado por seu compromisso inabalável em detrimento da renda, pela Missão Significativa em detrimento do dinheiro e pelo crescimento em detrimento do conforto. Sua coragem, mesmo quando a estrada parecia interminável, abriu o caminho para este momento. Você não desistiu quando a vida parecia impossível e, por isso, eu devo tudo a você.

Ambas as versões de mim, a seu modo, enfrentaram a incerteza, a dor e a perda, mas, ainda assim, buscaram a cura, a paz e a verdade. Vocês me carregaram até esta fase da vida. Sua coragem, persistência e fé em um futuro mais brilhante tornaram este livro — e a vida que tenho hoje — possíveis. Por isso, deixo aqui minha eterna gratidão.

Para minha esposa, Martha Higareda: obrigado por ser minha rocha, confidente e maior apoiadora. Você não apenas vê o que vejo — você amplifica isso com sua crença inabalável em mim e na missão que compartilhamos. Seu amor é uma lembrança constante de que a verdadeira riqueza da vida vem dos relacionamentos construídos com base na autenticidade, no crescimento mútuo e na confiança inabalável.

Você me inspira diariamente com sua sabedoria, bondade e capacidade de ver beleza e possibilidade em cada momento. Seja quando sonhamos, encaramos desafios ou simplesmente aproveitamos momentos tranquilos, sua presença me enche de alegria e significado. Obrigado por caminhar ao meu lado, por abraçar inteiramente quem eu sou e por ser minha melhor parceira nesta jornada. Eu te amo mais do que as palavras jamais poderão expressar.

Para minha mãe: sua força e compaixão inabaláveis continuam a me inspirar. Você me mostrou a importância de investir não só em saúde e família, mas também em valores que realmente importam. Seu amor é uma lembrança de que riqueza não é só aquilo que carregamos nas mãos, mas o que damos de coração.

Para meu falecido pai: suas lições continuam vivas em tudo o que eu faço. Você me deu a paixão e a confiança para assumir riscos, sonhar com ousadia e confiar em mim mesmo o suficiente para me tornar empreendedor. A cada vez que abro minha carteira e vejo as notas de U$2 que você tanto amava, eu me lembro de você. Essas notas me lembram da singularidade que cada um de nós traz ao mundo e a mentalidade que você incutiu em mim para sempre ver as possibilidades e o potencial. Obrigado por seu amor, sua sabedoria e crença em mim.

Para meus irmãos, Chris, Heidi e Katherine: vocês têm sido minha fonte constante de responsabilidade, incentivo e amor. A cada desafio, vocês me lembram que o sucesso tem mais significado quando compartilhado com quem mais importa.

À Equipe Greatness: obrigado pela sua paixão, visão e incansável dedicação. Esta jornada não seria possível sem seu compromisso para transformar grandes ideias em realidade. Juntos, estamos construindo algo que impacta vidas e inspira os outros a alinhar seus propósitos com a liberdade financeira.

Para Matt Cesaratto e Sarah Livingstone: sua lealdade e seu trabalho duro não têm preço. Vocês me mostraram que parcerias baseadas em confiança e objetivos compartilhados estão entre os maiores ativos que alguém pode querer ter.

Um agradecimento especial ao meu parceiro de escrita Bill Blankschaen e a sua equipe do StoryBuilders, por darem vida a este livro. Vocês me ajudaram a transformar ideias em insights acionáveis, criando um recurso que espero que mude muitas vidas.

Para Lisa Cheng, Monica O'Connor, Brittany Muller, Lizzi Marshall, Diane Hill, Lindsay McGinty, Patty Gift, Reid Tracy e a equipe da Hay House: sua experiência e dedicação elevaram este projeto. Agradeço imensamente seu compromisso para entregarem mensagens que importam e ajudam os leitores a transformar a própria vida.

Para os coaches, professores e mentores que me moldaram: obrigado por compartilharem sua sabedoria e me empoderarem para pensar grande.

Vocês me ensinaram o valor de uma mentalidade forte para uma verdadeira vida abundante.

Aos convidados do podcast *The School of Greatness*: suas histórias e perspectivas não enriqueceram somente este livro, mas a vida de vários ouvintes, espectadores e leitores. Obrigado por compartilharem sua jornada e inspirarem os outros para alinhar suas missões com suas histórias com o dinheiro.

Para meus leitores e apoiadores: obrigado por darem este passo em direção à cura de sua relação com o dinheiro. Sua coragem para abraçar o crescimento e criar uma vida significativa me lembram de por que faço o que faço.

Por fim, para qualquer pessoa que já tenha se sentido presa ou encurralada por sua situação financeira: este livro é para você. Que ele sirva como um guia para ajudá-lo a se libertar, construir a vida que você merece e descobrir o verdadeiro poder da paz e liberdade financeira.

ÍNDICE

Este livro foi impresso nas oficinas gráficas da Editora Vozes Ltda.,
Rua Frei Luís, 100 – Petrópolis, RJ.